改訂版

ゼロから**1**カ月で受かる

志望
大学入試
理由書の
ルールブック

スタディサプリ講師
カンザキメソッド代表
神崎史彦

JN039468

KADOKAWA

デザイン／tobufune

イラスト／紙島 育

＊本書は、2023 年 12 月現在の情報に基づいています。

＊本書は、2019 年 7 月に刊行した『ゼロから 1 カ月で受かる　大学入試　志望理由書のルールブック』の内容を再編集した改訂版です。

キミは
「志望理由書の書き方は
誰かが教えてくれる」と
自ら学ぶことを放棄していませんか？

キミは
「ありのままの自分を表現すれば大丈夫」と
大学の存在意義を理解しないで
論じようとしていませんか？

キミは
「テクニックさえ手に入れれば
志望理由書は書ける」と
打算的に志望理由を捉えていませんか？

そんなキミ、
知らず知らずに、
勝負に負けています。

はじめに

　大学入試では、志望理由書や自己アピール文の重要性が増しています。総合型選抜、学校推薦型選抜の書類として重視されるだけでなく、一般選抜でも出願時に「主体性」「多様性」「協働性」に関する経験の記入が求められるなど、「大学受験生ならば志望理由や自己アピールを考えることが当たり前」という時代になりました。

　この状況を前向きに捉えると、「偏差値の高い大学に入学する」「就職先を得るために大学に入る」という本来の学びとはかけ離れた動機のもとで勉強をするという「受験知」から、受験生が自ら学びたいことにアクセスして学び続けるという「探究知」へ価値観が変わるということだと言えます。学びのイニシアチブ（主導権）が、キミに手渡されたということなのです。

　この世界観、私は素敵だと感じています。興味や関心をもったことをもとに情熱や価値や才能を育て、さらに育むために大学で学び続け、それが社会の中で価値として活かされ、キミの幸せな人生につながっていく。大学での学びの目標が定まり、キミの価値や才能を自分の手で高められるということなのです。

私は1996年、自ら志望理由書を書き、大学に合格しました。それから20年以上、「カンザキメソッド」と称して志望理由を本気で考えるための方法論を練り上げてきました。この書籍ではそのエッセンスを集約しました。ただ、今までの指導経験でわかったのは、私がもつ高い合格実績はテクニックだけでは得られなかったということです。本当に大事なのは、受験生本人の「成長したい」という経験と思いと志、そして最高善（higher good）を目指すことでした。

　お読みいただければわかると思いますが、私は「大学に合格すること」を目標として置いていません。キミが生涯にわたって幸せに生きるためにはどうすればいいのか、ということを考えています。キミの成長を本気で願っている私の指導に共感いただけると嬉しいです。また、この書籍を通して、大学・高校・教育業界の志望理由書・自己アピール文指導の水準を高められればと願っています。

**　この書籍を通して、私と一緒にみんなで成長しましょう！**

2024年4月

神﨑 史彦

第2章 志望理由書の思考法

第3章 志望理由書の表現法

志望理由書の書き方の核心

志望理由を書く前の下ごしらえ

第4章 自己アピール文の思考・表現法

第 **1** 章

志望理由書
とは何か？

大学でする勉強は
高校と次元が違う

01 | 本書に対する私の思い

意識高い系ではなく、「意識が高い人」になれ

　私は全国各地の高校に呼ばれ、志望理由書や総合型選抜、学校推薦型選抜に関する講演や講義をしています。そのときにいつもこういう話をします。

「意識高い『系』にならないでほしい。私は『意識が高い』話をしていくし、キミたちにもそうあってほしい」

　私は、せっかく大学で学びたいのならば、本気で学んでほしいと思い、多くの高校生の前で語っています。キミが学びたいことをその手につかんで、突き進み、その過程で得られた学びを多くの人々に還元できる人になってほしいと願っています。

　そういう学びを得て、人々とキミがともに幸せになるような世界をつくることは、まさにサスティナブルな社会（地球環境や文化や生活や経済が未来に向けて持続可能となる社会）をつくることにつながるのです。素敵な未来ではないですか。

　私は本書を、本物の「意識が高い」受験生を育むことを目的にして執筆しています。ですから、本書は単なる合格テクニックを書き連ねた書籍ではありません。しかし、大学も意識が高い学生の入学を望んでいますから、受験にも適しています。この点をあらかじめ宣言しておきます。

本書の進め方

　第1章では、志望理由書に必要な要素、特に大学の役割とともに、志望理由をどう考えていけばよいのか、概要を学びます。

　第2章では、志望理由書の中身を考えるための心構えと思考法を一通り学びます。どのように探究を行い、「知」をつくるためのプロジェクトを企画し、どういう未来をつくるべきか、キャリアをつくるという視点から解説します。

　第3章では、**第2章**までで考え抜いたことをもとに、「型」に格納する流れを述べます。様々な答案例を見ながら、思考をどのようにまとめるのかを学んでもらいます。

　第4章では、志望理由書とともによく課される自己アピール文の思考法と表現法を掲載しています。必要であれば、併せて活用してください。

【ゼロから1カ月で合格したいと願う受験生へ】

　なお、受験まで時間がない人は、**第2章**と**第3章**、**第4章47**以降を理解すればおおよそわかるようにしてあります。特に**第2章**の「逆打ち法」（120ページ）をもとに攻めると、なんとか「ゼロから1カ月」で志望理由書が形になるのではないかと思います。

02 書くべき2つのこと

志望理由書の要素

まず、「志望理由書」に必要な項目は、2つあります。

一つは、❶なぜその学部・学科を選んだのか（学部・学科の選択理由）。もう一つは、❷なぜその大学を選んだのか（大学の選択理由）。実際の入試では、この2つを、「志望理由書」という形で一度に書かせるケースもあれば、別の項目として書かせるケースもあります。

両者を記すことを大学が求めるのはなぜか。それは**「大学で本当に学ぶ意志があるのかを確かめたいから」**にほかなりません。**大学でどう学ぶのかという計画（プロジェクト）や、確固たる意志をもっているのか**が問われます。

プロジェクトとは何か

プロジェクトとは、何らかの目標を達成するための計画のことを指します。語源はラテン語の pro + ject。「未来に向かって投げかけること」。ということは、**大学の知の最先端で未来に向けて取り組む計画を掲げるという意味で、キミが大学でやろうとしていることは「プロジェクト」**なのです。

そのプロジェクトは、自分が生きてきた足跡に由来します。こういう経験をして、その世界に身を浸し、アンテナの感度を高めていると、探究の種（問い）が見つかります。こういう話

に興味がある、こういうことに疑問を抱いた、こういうところが気になる、といったことが生まれます。そうしたものを掘り下げ、磨き上げ、この大学ならそれが達成できそうだという見通しを立て、プロジェクトに仕立てます。

　つまり、大学でどういう計画をもって、その問いを解き明かすのかを、言葉であらわすことができている志望理由書が評価されるということです。ここまでの話をまとめて、志望理由書で記すべき内容を整理すると、以下の通りになります。

> ❶ この学部・学科でプロジェクトを行うことには、こういう意義がある（学部・学科の選択理由）
>
> ❷ 志望校では、このプロジェクトがこう実行できるので、志望した（大学の選択理由）

残念な志望理由書

　志望理由書を読めば、その受験生の本気度が伝わります。様々なアクションを重ねている受験生と、そうでない受験生は一目でわかります。志望理由書には人格が宿るものです。

　ましてや、特定の仕事に就きたいと思った動機を延々と述べるもの、実績自慢に終始するもの、「必要なことは大学で教えてくれるものだ」と受け身の姿勢が透けて見えるもの、未来への計画が不明確なもの。このようにプロジェクトとなっていない志望理由書は、そもそも問題があるということです。

03 | 研究と探究

研究機関としての大学

さて、もう一歩深掘りしていきましょう。志望理由を考える際、「大学とはどのような場所か?」ということを知っておかなければなりません。これがわかると、どの深さまで志望理由を考えればいいのかがわかります。

そもそも、**大学は研究機関です**。研究とは探究を重ねながら最先端を見つけること、つまり学問の力で既知の領域を広げる（知を生み出す）ことです。言い換えると、世の中でわかっていないこと、解き明かされていないことを学問の力で解き明かしていく場所です。

研究とは

研究は既知と未知の間（最先端）に立ち、学問の力で既知の領域を広げることを指します。次ページの図の**B**から最先端のラインを越えて**C**に向かう行為のことです。現時点で理論が成立していなかったり、人によって意見が割れていたりする事柄を、学問の力で解き明かします。具体的には、先人たちの知を知り（**A**→**B**）活用したり、新たな発想をもとにしながら、理論を生んだり、理論を絞り込んだり、理論の適用箇所を特定したりします。

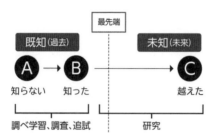

そして、大学に入学を希望する人は最先端に立とうとする意志と研究テーマを持つことが（本来）必要だし、すでに高校生の中には最先端を越える研究をしている人もいます。

問いとその答えを検討する過程に**学術の力が問われたり、問いが最先端であることが求められたりするのが研究**だということです。

一方、探究は学問や最先端を問われるとは限りません。しかし、突き詰めるほどに未知の領域へと進み、誰もやったことがないことを実現することになりますから、**極限まで推し進めれば研究**となるわけです。

東京大学名誉教授の上野千鶴子氏は、「大学で学ぶ価値とは、すでにある知を身につけることではなく、これまで誰も見たことのない知を生み出すための知を身につけることだ」と言います。つまり、大学は「知」を生み出す場だということです。まさに、研究の意味と同じですね。

探究とは

探究（inquiry）のことをジョン・デューイ（1859-1952）は「**不確定で不明瞭な状況を、能動的に、コントロールできる状態に変えること**」だと言います。また、『高等学校学習指導要領（平成30年告示）解説　総合的な探究の時間編』（文部科学省）の内容をまとめると、日常生活や社会に目を向け、生徒が自ら「課題」を設定し、情報を収集、整理・分析し、まとめ・表現するという過程を経由することで、自らの考えや課題が更新され、探究の過程が繰り返される一切の手続きを探究というのだそうです。他方、プロジェクトの種を発見し、試作・実行をし、その修正を経て、新たにプロジェクトを進めるサイクルのことも探究と言えるでしょう。

しかし、上記のサイクルはどちらかといえば「小さな問い（課題）」の話であって、「大きな問い（問題）」については触れていません。ですから私は、**課題を解決していく過程で、問題意識を育むことが必要**だとキミに伝えたいです。

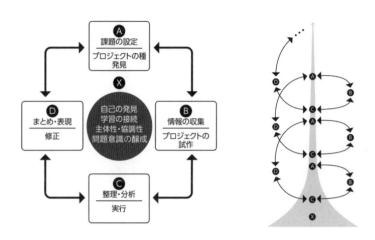

　しかも、実際にはただサイクルするわけではありません。「課題の設定／プロジェクトの種発見」「情報の収集／プロジェクトの試作」「整理・分析／実行」「まとめ・表現／修正」は自在に行き来します。順番通りに進むとは限りません。途中で課題・設定自体を変えるという判断をすることもあり得ます。ただ、そういった経験の中で思考し、内なる知に気づいたり、他者から知がもたらされたり、新たな知が生まれたりして、問いが変化することもあります。**そうした相互の運動の中で、竜巻のように思考が深まり、「大きな問い（問題）」も見えてくる**というイメージです。

探究の定義

この過程を言葉にすると、以下の通りになります。

① 「これはどういうことなのか」と問いを見つける
② 調査、実験、検証や調べ学習を重ねる
③ 問いに対するとりあえずの答えらしきものを得る（既知のことがわかる）
④ ①〜③の過程で、「知」を生み出せそうな問いを探し、新たな問いを見つける

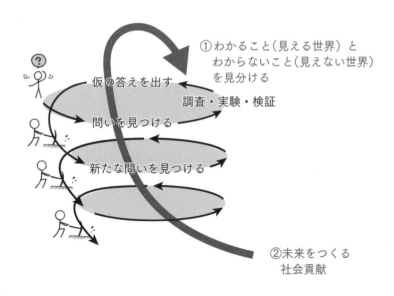

① わかること（見える世界）とわからないこと（見えない世界）を見分ける

調査・実験・検証

仮の答えを出す

問いを見つける

新たな問いを見つける

② 未来をつくる
　社会貢献

　この一連の手続きを延々と繰り返すことを「探究」といいます。既知の世界を広げていく過程でわかることとわからないことを見分けながら、問いを尖らせていきます。大学ですることは研究ですが、それに結びつく探究を行う力は必ず求められます。

探究を行うコツ

　そして、**志望理由を組み立てるときの探究のコツは「『知』を生み出せそうな問い」かどうかを常に追いかけること**です。

　私の尊敬する方が「三手先が見える問いではなく、見通しのない問いを立てよう」と高校生に伝えていると伺いました。私もその通りだと思います。

　『知』を生み出すための問いか、『知』を知るための問いか。要は、未知なるところに入り込む問いか、既知のものを知る問いか、ということです。前者は研究、後者は調べ学習と言いますね。『知』を知るための調べ学習を延々とやっている受験生がいますが、それでは研究テーマがなかなか決まりません。

　だから、そこで迷走する受験生には「まずはGoogleで検索してみたらどうか」「研究者の先行研究の論文を調べてみてはどうか」と言っています。ウェブで検索して答えが出るものは、すでにわかっていることです。それでもつまずいたときは、私や学校の先生のような支援者を探して、相談してみてください。

04 まとめ

　研究機関である大学はどういう人を求めるのでしょうか。

　これまでの話をまとめると、大学に行きたいと本気で望んでいる受験生ならば、研究テーマ（見通しのない問い）をもっていることが求められるし、それをしっかり語れる人が大学に期待される人物になるということです。つまり、**「自分は○○がわかっていないので、このわかっていない領域を学問の力で切り拓きたい」**と考える人が求められているのです。だから、志望理由書の肝は「自己と学問との接続」と言えます。

教育機関としての大学

　さらにいえば、大学というのは教育機関でもあります。ただし、それは研究のための素養となる教育をする場所です。

　だから、たとえば、「英語が大好きだから、英語についてどんどん勉強したいです。だから英文学科に行きたい」というのは、「なぜ研究の場である大学に行く必要があるのか」という疑問を抱かせることになります。そもそも、こういう受験生は「知」を生み出す人には見えないですよね。

　したがって、今までの内容を重ねて、志望理由書で書くべき2つの項目をまとめなおすと、次のようになります。

❶ 学部・学科の選択理由

Ⅰ 私はこういうプロジェクトを学部・学科で実行したい

Ⅱ このプロジェクトには、こういう「知」を生み出すという意義がある（だから、学部・学科でこういうプロジェクトを行いたい）

❷ 大学の選択理由

Ⅲ このプロジェクトを実行するためには、こういう学問の修得や教育、環境や支援者が必要だ

Ⅳ 志望校では、このプロジェクトがこう実行できる（だから志望した）

　そして、❶を考えるためにはおのずと探究という手続きを経るし、その内容をいかに充実させ、「知」を生み出すための問いを洗練させていくかによって、志望理由書が輝くかどうかが決まります。そして、その「輝き」は「大学側のアドミッション・ポリシーに合った行動や経験をしてきたか」というところで評価されるということです。だから、志望理由書には探究が大事なのです。

05 | 高校と大学の違い

高校と大学は学びの次元が違う

　ここまで読んできたキミは「大学でやることは難しそう」「志望理由を考えるのは難しそう」と感じているかもしれません。しかし、今までやってきた勉強とは違うので、高校生が大学での研究を難しそうに感じるのは当然です。

　多くの人は高校を、主に既知の領域の知識を学ぶ場所だと捉えています。未知の領域について考えた経験など、高校生はあまりないでしょう。だから、高校教育の中でフロンティアにたどり着くことは難しいと言われます。一方で、大学は未知の領域へ踏み出す場所だというのは、前述した通りです。既知の世界と未知の世界。ここに大きな隔たりがあります。

　高校と大学は学びの次元が違うからこそ、その違いを乗り越えられる人、大学での学びに対応でき、研究や探究ができる人に来てほしいと考えるのです。

大学の3つのポリシー

　そして、それらができるかどうかの基準は、アドミッション・ポリシーで示すことになります。では、アドミッション・ポリシーとは何なのでしょうか。まず、大学は3つのポリシー（ディプロマ・ポリシー、カリキュラム・ポリシー、アドミッション・ポリシー）をもっています。

□ ディプロマ・ポリシー

　「ディプロマ」は学位という意味で、「こういう力が身に
　ついたら、学位を授与します」ということを示すもの。

□ カリキュラム・ポリシー

　その学位を授けるため、「こういう授業をしてこのカリ
　キュラムで教育していきます」と示すもの。

□ アドミッション・ポリシー

　カリキュラム・ポリシーに従って学べる人に来てほしい
　ので、「こういう観点で選抜（入試）をします」と示すもの。

　このアドミッション・ポリシーが「この学部・学科ではこう
いう学生が欲しいです」ということを示しています。アドミッ
ション・ポリシーは、大学教育のカリキュラムが達成できるか
どうかを基準にしてつくられています。つまり、**大学入学のハ
ードルは、大学で行う学びを基準としてつくられている**わけで
す。そして、アドミッション・ポリシーに合致しているかどう
かを評価するために、志望理由書を含めた様々な材料を用いま
す。

06 | 大学における 志望理由書の見られ方

多面的評価とは

　総合型選抜や学校推薦型選抜では、「多面的評価」がなされます。この「多面的評価」は、成績やいわゆる「基礎学力」だけではなく、何をなぜ学びたいのか、どういう経験をしてきたのか、どんな未来をつくろうとしているのか、どれだけ協働的な力をもっているのか、というようなことまでも見ようとします。

多面的評価での「志望理由書」の意義

　この多面的評価で、アドミッション・ポリシーに合っているかどうかを見るために、「志望理由書」が用いられます。「なぜこの学部・学科、大学を選んだのかを説明してください」と求めるわけです。

　そのときに、「高校まで好きな部活動をがんばってきました」という内容と、「大学教育に向けてトライをしていました」という内容では、差が生まれます。まさに**「知」を生み出そうとがんばってきた受験生と、そうでない人では差がつく**、ということです。

　「こういうことを専門的に学びたい」と考えた上で、知の探究者としてどう学ぶか考えていることがわかると、「この受験生は本気で学ぼうとしているんだ」と伝わるのです。

　一方で、「高校では一生懸命がんばってきました。大学では こういうことをやりたいです」と、「知」を学ぶ姿勢のみで論 じる受験生だと、入学後に本気で学びに向き合おうとする人物 かどうか判定が難しいのです。

　だから、**探究の過程を見よう**、ということになるわけです。 大学受験の際にいままで溜めてきた探究の過程を整理したもの を提出することが求められますが（これをポートフォリオといいま す）、これはまさに「知」をどう獲得し、「知」をどう生み出そ うとしているのか、を大学に知らせるためです。

　総合型選抜や学校推薦型選抜では、個人のポートフォリオと 志望理由書を照合することが、一般的に初期の選考で行われる ことになります。

　そして見込みのある受験生を対象に、小論文や面接、グルー プディスカッション等を行い、本当に「知」を生み出そうとし ている人物かどうかを確認します。

　こうした多面的評価の鍵になるのが、まさに「志望理由書」 です。自分のいままでの経験や思考と、大学での「知」の獲得 と創造のデザイン、そして、これからの未来へのビジョン。こ れらのストーリーを俯瞰できる書類が、志望理由書なのです。

行動することの大切さ

　大学のアドミッション・ポリシーには、その学部・学科に興 味・関心の高い人、という内容が書かれていることが大半を占 めます。時折、大学での研究や探究に関わる活動や行動の経験

まで求められることがあります。**アドミッション・ポリシーに合った行動事実がある人は評価が上がる入試設計が考えられる**ということです。アドミッション・ポリシーに即した記述があれば加点、それに即した行動をしていればさらに加点、といった具合です。

それは志望理由書は「嘘」がつけるという特性があるからです。「専門領域を学ぶ意欲が高いこと」「大学で学びたいこと」「社会貢献したいこと」、すべて志望理由書で本心でも嘘でも語れるということです。だから、大学側は受験生の志望理由書を疑って読み進めることになります。

ですから、専門について学びたい、大学で学びたい、社会貢献したいと願っていることが本心であるなら、過去に何かしらの「行動」をしているはずだ、という理屈です。過去は「嘘」をつきません。こういう研究や探究活動を重ね、こういうことに疑問を抱き、学術に関心を抱いてきたのだ、と行動で示すのです。

これが示せない受験生はたくさんいます。部活動や教科の勉強に熱心になり、入試直前期になって突然総合型選抜に向かおうとする人たちが典型例です。そういう人でも、過去の些細（ささい）なきっかけが志望理由に結びつくことがあります。しかし、どんなに頭を捻っても「部活動でリーダーシップを発揮してきた」「教科の勉強をがんばって、高い成績を得てきた」というストーリーに終始することが多く、基になる「行動」がない状態ゆえに、「嘘」で塗り固めた（ように見える）志望理由書ができあが

るのです。

　だから、志望理由書で、「自分は本気でこういうことを研究、探究したいと考えていて、**すでに活動しています**」という内容**がしっかり述べられていると、高く評価されます**。他方、行動が伴っていない人は、活動している人よりも評価が下がりやすくなります。

　以上からわかるように、学部・学科の選択理由と大学の選択理由を考えるための軸は、アドミッション・ポリシーなのです。さらにいえば、アドミッション・ポリシーに照らして、これは合っている・合っていない、書いている・書いていない、という零か百かの世界ではありません。むしろ、**どれぐらい合っているか、どれぐらい考えているか、どれぐらい研究、探究しようとしているかという度合いが、見られる**のです。

コンピテンシー評価とは

　大学入試において、「コンピテンシー評価」の要素を含めるケースが生まれています。コンピテンシーとは、大学内で高い成果を上げる人の行動特性を指します。大学は「ディプロマ・ポリシー」「カリキュラム・ポリシー」「アドミッション・ポリシー」を掲げていますが、大学入試で求められるコンピテンシーとは、アドミッション・ポリシーで掲げている能力に沿ったものです。

　そして、受験生に関する書類、面接による観察や聞き取りを

もとに行動特性を評価する方法を「コンピテンシー評価」といいます。こうした評価をするためには、アドミッション・ポリシーをもとに、どういう資質を期待するか（基礎学力、社会貢献、協働力、リーダーシップなど）を明確にし、さらに、たとえば「協働力」であれば「グループワークの授業が多いため、協働して目標を達成する能力があるかを評価したい」などと設計をします。

　こうした評価が導入されている場合には特にアドミッション・ポリシーの分析は欠かせませんし、そのような眼差しで志望理由書も評価されていると捉えてよいでしょう。本書では一般的な志望理由書の書き方を示していますが、出願するさいにはアドミッション・ポリシーとの照合も丁寧に行ってほしいです。

損得勘定のにおいがする志望理由書はNG

「この大学に憧れているんです」と大学を決めてから、学部・学科を決めたというにおいを感じる志望理由書は評価されにくいでしょう。学びに対して向き合えているとは言えないからです。大学のブランド力、偏差値、あるいは、その大学に入ったら大企業に勤められるなど、損得勘定が見え隠れするような志望理由書を見るケースがありますし、そういうことを平気で語る受験生が稀にいます。キミがそういう受験生を見たとして、そういう人を入学させたいと思うでしょうか。学問をするつもりがないのだ、という認識を大学側に与えてしまうことが、容

易に想像できるでしょう。

大学の専門教育についていけるかどうかも問われる

　志望理由書では「どれだけ学問にのめり込んでいるのか、専門領域を学ぶ意欲が高いのか」「社会に対して貢献しようという意欲があるのか」が問われるのは、前述のとおりです。一方で、大学の専門教育についていくことができるのか、というのも大学側の関心ごとでもあります。そのために、アドミッション・ポリシーの中に「基礎学力があるかどうか」を含める大学があります。

　ただ、志望理由書では評価することが難しいため、他の方法で評価します。たとえば、読解力や講義の理解能力であれば小論文、学部・学科の学びに関係する教科・科目については共通テストや調査書、グローバルなコミュニケーションであれば外部英語検定試験を参考にします。時折「総合型選抜は学校の評定平均値が低くても受験できる」と勘違いをする受験生がいますが、あくまでも受験生を「総合」的に評価する入試である以上、そうはいかないということもあえて指摘しておこうと思います。

07 | ライバルを知る

探究活動をしている受験生はすでにいる

26ページで「(大学での学びは) 今までやってきた勉強とは違うから、高校生が大学での研究を難しく感じるのは当然」と述べましたが、難しいとはいったものの、高校生でもすでに探究している人がいるということは知っておきましょう。

すでに研究、探究をしている人の代表例を言うと、いわゆる「オタク」。彼らは、ある特定の分野が好きで、ずっとやり続けています。こういう人はその領域について、「知」を学び続け、ストックをもっています。だから強い。

一方、高校ですでに研究や探究をしている人。たとえば、SSH(スーパーサイエンスハイスクール)、IB(国際バカロレア)。あるいは、高校のコース制によっては、探究活動が授業の中に組み入れられている学校もあります。

加えて、様々なコンテストに出ている人もそうです。たとえばビジネスコンテストとか、論文コンテストとか、有名どころだとクエストカップとか、マイプロジェクト、サイエンスキャッスル、キャリア甲子園。様々なコンテストに出場するといった取り組みを素材にしながら志望理由書を書いていく人もいます。

大学の学部・学科での研究や探究に、すでに向き合っている人と向き合っていない人とでは雲泥の差があります。

傲慢な探究に対する疑義

　しかし、探究をしている人でも「自分はこれが好き」の域から抜け出せず、評価されないこともあります。「実績を得ると大学入試に有利だ」など邪な気持ちで取り組む人も、残念ながらいます。こうした人たちの多くは、学びを損得で捉えています。そうした捉え方から抜け出せない人の志望理由書には傲慢さが窺えます。

　学びを大学合格、そして就職のための道具、すなわち経済的な豊かさを得るための手段として捉える行為は、知を冒瀆することですし、そのような文化や価値観をもつ受験生は志望理由書で見抜かれます。

他者と共存・共生するための探究を目指そう

　そうした人たちの大きな問題は、他者との共存・共生の観点が欠けていることです。**探究は、自分が興味のあることを突き詰める側面もあれば、世界の人々を豊かにするために行われる側面ももち合わせるもの**です。その大前提を忘れてはなりません。

　そもそも人間は他者や社会の支えがあって生きているものです。そして、その社会の一員として自分は生きています。私は、キミが探究している事柄を自分のことだけを育むものにしてほしくないのです。要は、研究者たる人間は人格者を目指すべきであり、倫理観をもってほしいということです。

良き文化の中で価値観を育んだ人か否か

　一方で、自分たちが学びたいこと、取り組みたいことに貪欲で、未知なる世界をつくるために向き合う受験生もいます。活動の中で様々な課題にぶつかり、もがきながら、でも楽しみながら学び、成長しています。このように、学びを心の底から望む人、しかもそれを社会や共同体の中で活かしたいと考える人は、良き文化の中で育ったことが窺える志望理由書となります。

　総合型選抜・学校推薦型選抜は「受験生の身体に染みついた文化や価値観を見るもの」という側面もあるということです。

　このような文化で育った人と、同じ土俵で戦うわけです。だから少なくとも、研究とか探究を何もしていない、という状況は避けなければいけないし、大学入試を自己の損得で語るような受験生になってはなりません。

大学での学びは職に就く過程にあるけれど

　受験生の中には、法曹、教員、医療従事者、建築士など、特定の資格を得たり、特定の職業に就いたりするために大学へ進学したいという人もいるでしょう。私はそれを否定するつもりはありません。ただし、その捉え方だけで突っ走ることは、「すでにある知を身につける」ことにすぎないということに気づいてほしいのです。

　「この仕事に就きたい」「資格を取りたい」という強い思いがあり、せっかく大学へ行くのならば、「知」をさらに生み出す場だと捉え直してほしいのです。研究によって、新しい知を自分が目指す世界に還元したいという思いをもつくらいの気概と志がほしいものです。

自己実現「だけ」を推しても……

　長年、大量の志望理由書を読んできましたが、「自分がこうありたい」という話だけを推す趣旨の志望理由書に数多く出会います。「私は子どもが好きだから教員になりたい」「キャビンアテンダントに憧れているから英語学科に行きたい」「親が医師だから、自分が継ぐために医師になる」など、挙げればキリがありません。いままではこういう志望理由書であっても、指導の現場では多くが許容されてきました。「こうありたい」と宣言できていれば、未来に対して前向きでよい、と捉えられていたということです。

　しかし、「こうありたい」という中で、自己を幸せにするという色が濃く出たり、そのにおいが伝わったりするような志望理由書には違和感を覚えます（なお、「自分を犠牲にしなさい」「自分が幸せになることはよくない」と言っているわけではないことを申し添えておきます）。

　表面的には意識が高いように見えても、自分にとっての損得ばかりに目を向けていることがわかるでしょう。意識高く「振る舞う」「装う」ことは、まさに「意識高い『系』」であって、本当に「意識が高い」というところとは程遠いものです。こういう受験生になってほしくありません。

ここに注目してほしい

　未来をしっかり考えていると、必ず自分の人生をもっとポジティブに、アクティブにつくることができます。

　それを体現してくれたのが、次に挙げた「志望理由書」です。こうした志望理由書を目にすることは稀ではないかと思います。彼女がどのように思考し行動したのか、何度も答案と解説を読んでもらいたいです。

---

1 化粧、そして美の本質とは何か、私は日々考え続けている。女性であれば化粧は身だしなみとして日常的に欠かすことができないものであるゆえに、自己と他者および社会との接続面の役割を担っている。そこで、貴学では内面的に育んできた「美しさ」と社会との接点としての「美しさ」をどう共存させるかを考えていきたい。

2 こうした問題意識を抱いた最初のきっかけは、高校1年のときに経験したアメリカ留学だ。最も衝撃的だったのは異なる文化や価値観を持つ人々の理解であった。たとえばカザフスタン出身のアメリカ人の親友が施した化粧である。なんと、褐色の肌なのに同系色の茶色の口紅をしていたことに大変驚いた。それは、赤や派手な色の口紅を使い慣れている私にとって衝撃的な出来事であった。

3 じつは、こうした美の認識に気づくまでに紆余曲折を経て

いる。アメリカから帰国後、私は美を存在論的に捉えていた。

4 そして肌の色と口紅の選択には関係性があるという仮説を
もとに、口紅マッチングアプリを開発し、IT夢コンテスト（神
奈川工科大学主催）において最終審査会に進出した（全304作品
中、33作品が進出）。まずはマッチングの処理をする関数を導く
ために調査を行うことにした。複数の肌色の女性に対して数種
類の口紅を施した写真を用意し、どの口紅が合うか、東京・渋
谷で160名ほどにアンケートを実施した。しかし、残念ながら
この調査で肌色と口紅の相性に相関関係がないことが明らかに
なった。もっとも課題となったのは、肌の色が変わっても、た
とえば黒人と白人という両極端な肌色の持ち主であっても、似
合う口紅の選択に差がでなかったことである。この開発とその
停滞の過程を経て、渋谷での調査の際に、人に合う化粧には規
則があるわけではなく、人間の内面を反映したもので化粧を通
した美を人々は認識論的な捉え方をしていると私は理解した。

5 ここからは仮説であるが、人々の考える美は商業主義に影
響を受けていると捉えている。各種メディアが流行りの化粧を
広め、我々の美の認識を形作る。それが先入観や偏見となり、
化粧の良し悪しを判断する。つまり、本来は認識論的に美を捉
えているはずが、商業主義の影響を受け、存在論的に捉えられ
ているということなのではないか。

6 私はこの仮説に基づき、人の心の中にある美とは何かを追
究したいと考えている。よって、貴学では文化学・心理学・
データサイエンス・美学といった学際的な学びが得られること

を期待している。入学後は化粧にまつわる美意識の変遷を追うことから始めたい。とくに、中世ヨーロッパではキリスト教によって化粧が禁忌とされていても、金属中毒になりながらも美白を求め続ける女性の姿があったと聞く。そうした彼女たちの根底にある美意識は、現代に生きる私たちの文化に息づいているのではないかと考えている。貴学の留学制度を活用し、留学先でのフィールドワークを実施することを検討している。また、化粧がもたらす心理的影響を探りながら、IT夢コンテストで創り上げた化粧アプリをさらに進化させるような卒業研究を行いたい。その成果をもとに、私は「自分が自分らしくありたい」と願う多くの女性達を支えられるような存在になり、社会に貢献したいと考えている。

[アドミッション・ポリシー]

■ 国際文化学部では学部教育の到達目標として、外国語・情報学の学習や異文化理解の研鑽を通じて、自国の文化をはじめとするあらゆる文化を相対化し、グローバルな視野で物事を考えたうえで、情報の受信・発信が可能な〈国際社会人〉の養成を掲げている。本学部では、〈国際社会人〉の理想像を、「博愛と平等の精神に基づく行動により、国家、民族、宗教や時代の壁を超えて敬愛される人物」と定めている。

■ 入学後の学習やSA(Study Abroad)プログラム等により、学部がめざす〈国際社会人〉となりうる資質や意欲のある志願者を幅広く募り、学部の教育目標、学位授与方針に照らして、次のような学生を受け入れる。
(中略)
2. 学校推薦型選抜(指定校推薦入試、(国際バカロレアディプロマ・プログラムス

コアに基づく推薦を含む) 付属校推薦入試、スポーツ推薦入試)：総合的な学力を持ち、本学部への入学を強く希望し、入学後の勉学についても明確な意欲を持つ。

評価の際には、書類審査、オリエンテーション、面接、グループディスカッションを実施し、知識・技能、思考力・判断力を重視する。

3. 総合型選抜(SA自己推薦入試、分野優秀者入試)：SA自己推薦入試については、ドイツ語・フランス語・ロシア語・中国語・スペイン語・朝鮮語のうち、いずれかの言語圏の文化に強い関心を持ち、かつ留学を希望し、自らの関心内容や学習意欲を適切に表現できる。

(国際バカロレア利用自己推薦を含む) 分野優秀者入試については、言語文化 (英語・ドイツ語・フランス語・ロシア語・中国語・スペイン語・朝鮮語の習得等)、表象文化、地域研究、情報処理・プログラミングなど、いずれかの分野で優れた成果を有する。

評価の際には、書類審査と面接を実施し、知識・技能、思考力・判断力・表現力、学習意欲を重視する。

(後略)

■入学志願者に求める高校等での学習の取り組み：外国語や異文化に興味を持ち、物事を複数の視点で多面的に考察していくような学びが望ましい。大学での豊かな学びや多様な可能性を確実なものにするため、常に自己を高める努力を怠らず、知的好奇心や共感力を育み、幅広い基礎学習を積み重ねておくことが必要である。

〔法政大学ウェブサイトより引用　https://www.hosei.ac.jp/hosei/daigakugaiyo/rinen/hoshin/ukeire_hoshin/gakubu/〕

志望理由を考えるプロセスを見てみよう

この志望理由書がどのようなプロセスで書かれたのか、見ていきましょう。まず、大学で研究、探究したいのは何かについ

て、おおよそ5段落目までずっと書かれています。「化粧そして美の本質とは何か」ということを研究したいと言っています。では、どう考えてこの結論に至ったのでしょうか。私の教え子である彼女の格闘の様子を語ってみることにします。

　彼女はもとから化粧が好きでした。その好きな化粧について、世の中でわかっていること、わかっていないことを探究していった末に、「化粧や美とは何か」という疑問にたどり着きました。

　なぜ化粧に興味をもったのかについては、2段落目に書いています。アメリカ留学のときに出会った、カザフスタン出身のアメリカ人の化粧だということです。これをきっかけに、思考をめぐらせます。

「私、化粧大好き」というところから、「化粧が合う・合わないって何なのだろう」と疑問を抱き、「その人らしい化粧って何？」と思考を深めていく。そして、その人らしい化粧にはおそらく答えがあり、それは色味と肌の色の関係だと考えた。それを解き明かそうと、彼女はアンケート調査をしました。けれど、調査の結果、相関関係はなかった。つまり、立てた仮説が違うと気づいたのです。ここで肝心なのは、失敗しても、学びがあればよいと考えているところです。つい、成功を語ろうとしがちですが、実際には失敗から学ぶことは多いものです。失敗でもしっかり探究をしていれば、知の探究者として優れているといえます。

　彼女はここから論を展開して、5段落目を考えました。人々

の考えは商業主義に影響を受けているという仮説です。人の認識に影響を与えるのは何か、それはメディアではないのかと考えたわけです。彼女は自分自身が取り組んできたことを同じ視点で見るのでなく、1回俯瞰（メタ化）してみたり、問題や課題が起こる構造を整理したりしながら物事の全体像を捉えました。

　以上のような問題意識をもとに、6段落目で、こういうことを探究できる学校に行きたいから志望したと結論づけました。

この志望理由書の見どころ

　この志望理由書では、何のために、どういう研究や探究を行いたいのか、一貫しています。やり抜くことはとことんやり抜き、その結果が仮説と異なっても、そこから学ぼうとした。そしてついに、「美とは何か」と、誰もが明確に答えが出せない領域までたどり着き、これを文化論、フィールドワーク、ないしはITで解決しようとした。彼女がどれだけ研究、探究をしたのか、その経過がよくわかります。まさに「知」を生み出そうとしている姿勢が窺えます。

アドミッション・ポリシーとの照合

　さらに、アドミッション・ポリシーと照らし合わせると、しっかりと適合しています。

「国際文化学部では学部教育の到達目標として、外国語・情報学の学習や異文化理解の研鑽を通じて、自国の文化をはじめと

するあらゆる文化を相対化し、グローバルな視野で物事を考えたうえで、情報の受信・発信が可能な〈国際社会人〉の養成を掲げている」というのが志望大学のアドミッション・ポリシーです。

アメリカ留学をしていて、外国語の基礎学力もある。その上、アプリを作成して、テクノロジーにも通じています。

また、まさに2段落目の経験は異文化理解をしようとしています。自国とあらゆる文化を相対化しているし、グローバルな視野で物事を考えようとしている。化粧の文脈をまさに歴史の観点からグローバルな視野で見ているのです。

そして、「入学後の学習やSA（Study Abroad）プログラム等により、学部がめざす〈国際社会人〉となりうる資質や意欲のある志願者を幅広く募り」とあります。いまの状況でいうと、この資質や意欲はとても高そうです。

さらに、「分野優秀者入試については、言語文化、表象文化、地域研究、情報処理・プログラミングなど、いずれかの分野で優れた成果を有する」ともあります。彼女はアプリをつくりました。それで最終審査会に進出したということで、まず成果を有している。なおかつ、「書類審査と面接を実施し、知識・技能、思考力・判断力・表現力、学習意欲を重視する」。特に彼女の場合は知識・技能をもっています。思考力・判断力・表現力を見ると、論理的な文章をきちんと書けていて、その思考がはっきりしています。そして、仮説によっての判断、仮説検証の中での判断にも優れ、学習意欲もあります。

　入学志願者に求める高校等での学習の取り組みについて、「外国語や異文化に興味を持ち、物事を複数の視点で多面的に考察していくような学びが望ましい」とあります。彼女は留学しており、外国語や異文化にそもそも興味をもっていて、なおかつ、物事を複数の視点で多面的に考察できている。たとえば化粧が好きだから化粧の技法について学ぼう、というのではなく、フィールドワークをする、歴史学の視点で考える、比較文化学で捉える、など複数の視点で考察しています。

　しかも、このあと、「大学での豊かな学びや多様な可能性を確実なものにするため、常に自己を高める努力を怠らず」とあります。もともと化粧が好きなだけだった人が、アプリをつくり、調査をする過程で、様々な人に協力を求めながら、共感を得てきた姿がよくわかります。

「幅広い基礎学習」ができているか否かは、調査書を判定材料として評価されるものと思われます。

どんな人が合格するか

　この姿を見ると、合格する人のイメージが湧くでしょう。少なくとも机の上でとりあえず書くだけでは、入試のためのとりあえずの研究課題、探究課題になりがちです。そうすると思考の浅さや中途半端さが文章の中に出てきます。

　彼女の場合は、行動をして、考察して、俯瞰するという手続きを踏み、深く考えられています。

　そして、大学の選択理由。彼女が学びたいことは学際的です。

哲学、歴史学、人類学といった人文科学的アプローチ、メディアや商業主義の考察といった社会科学的アプローチ、マッチングツールの制作を通した情報学といった自然科学的アプローチを行っています（99ページ）。これらの学際的な視点が必要で、全部可能なのがこの大学だったと、その大学の選択理由まで書けている。学部・学科の選択理由が明確で、そして大学の選択理由が的を射たものになっています。

　最終的には、ここまで書けるようになるまで、マインドを高めてほしいです。それは、実質的に自分が何をしたいのか、自分が未来に対してどうアプローチするのか、つまり、大学で学ぶことや、自分の過去をもとに、自分の手でどういう未来をつくるのか、それを考えることです。

志望理由書は感情と論理の交差点

　志望理由書というのは、共感とか感情という世界と、論理とか理屈という世界が、共存し合う領域だとも言えます。

　共感を得るには、そのものについて見つめて、考えて、そして自分でできる限りの行動をし、その様子を伝えて、「この人を支援したい」と思ってもらうことが必要です。

　他方で、大学は研究機関です。「私はこういうことに興味があるのだ」というだけではなく、その興味がどう学問と結びつくのか、その先にどういう最先端に立ち、どういう世界をつくりたいのかがきちんと書けていることが大事です。**「知」を生み出そうという意志と計画が大切**だということです。

彼女の場合には、ただ単に化粧が好きだから、うまい化粧の
やり方を知りたいという世界では終わりませんでした。化粧っ
て何なのだろう、その人らしい化粧というのはどういうもの
なのか、それを学問と結びつけたらどうなるのだろう、というこ
とを考え続けました。

探究活動は大学入学後の学びを豊かにする

彼女は志望理由を考えるプロセスで探究活動をしてきました
が、大学入学後のアドバンテージは大きいものとなります。様々
な知識や経験を重ねたうえで学ぶわけですから、大学入学時点
でのスタートラインが違います。きっと彼女は、大学での学び
をより豊かにできることでしょう。

志望理由書のアウトライン

これまで論じたことと合格者の答案を見ていると、志望理由
書のプロット が、おおよそ決まります。

25 ページの内容を再掲します。これらがすべて満たせてい
る志望理由書だということがわかるでしょう。

❶ 学部・学科の選択理由
Ⅰ 私はこういうプロジェクトを学部・学科で実行したい
Ⅱ このプロジェクトには、こういう「知」を生み出すと
　いう意義がある（だから、学部・学科でこういうプロジェクト
　を行いたい）

❷ 大学の選択理由

Ⅲ このプロジェクトを実行するためには、こういう学問
の修得や教育、環境や支援者が必要だ

Ⅳ 志望校では、このプロジェクトがこう実行できる（だか
ら志望した）

つまり「学部・学科を選択するのは○○というプロジェクト
を実行し、○○というフロンティアに立って、○○という「知」
を生み出すことで、未知の世界を既知の世界にしていきたいか
ら」というようなストーリーが流れていることに気づくでしょ
う。

そして、この学部・学科の選択理由をもとに、様々な大学が
ある中で、「研究、探究する場としてこの大学がよい」と言う。
この部分が大学の選択理由になります。

考えるときの頭の働かせ方

ただし、書く順序と考える手続きは別物です。考えるときに
は、学部・学科の選択理由と大学の選択理由は行き来してもか
まいません。そもそも、この相互の行き来によって、曖昧（あいまい）な言
葉が言語化されていったり、意味付けがなされたり（意味が後
になってわかることもあります）、キミが追う問いの輪郭（りんかく）がクリア
になっていったりするものです。こうやって、自分のもつ言葉
が構造化されていくのです。そんなにリニア（直線的）に、筋
道立てて言葉が出てくるものではありません。

　だから、頭の片隅に「他者とどう共存・共生するのか」ということを置いておきながら、まずは探究に没頭するとよいのではないでしょうか。その中で「自分にどういう価値づけをするのか」「どのような学びからどのような力を得たいのか」「どの大学、学部・学科を選択し、そこで得た知をどう世の中に活かし、未来をつくるのか」ということを考え続けるのが大事なのだと思います。

未来を見据えることも大事

　一方で、いままでの常識が通用しない時代に突入していることも理解しておきましょう。たとえば、終身雇用制ないしは年功序列という**日本の雇用慣行が崩壊**しつつある一方で人工知能が発達し、**シンギュラリティ**（技術的特異点。人工知能が発達し、人間の知性を超えることによって、人間の生活に大きな変化が起こること）が待っているといわれている。こうした状況で合理性ばかりを追う人間は、仕事を人工知能に奪われる可能性があると指摘する学者がいます。さらに、**日本の生産年齢人口が減り高齢者人口が増えている。グローバル化**により様々な国の人や物や金が行き来し、様々な背景をもつ人と交流する機会も出てくる。

　そういう時代の中では、**価値観や職業が継続するとは限らない**。職業や大学の価値・ブランドで自分の人生を決める時代ではなくなっているわけです。良き文化の中で生きる受験生なら、こうしたことはすでにわかっているはずです。

　そうすると「キミが探究することがこうした未来にどう役立

つのか」という視点をもつことも、もしかしたら探究を深め、研究の方向性を定めるときに役立つかもしれません。このように、**未来を見据えて計画を立てること**を、**バックキャスティング（backcasting）**といいます。

思考の方法　バックキャスティングとフォアキャスティング

　グループディスカッションでは問題・課題解決のために今後どういう打ち手を考えるのかが求められることがあります。その際、前述の**バックキャスティング**という発想法を知っておくとよいですね。

　この方法は、1990年にウォータールー大学のジョン・B・ロビンソンによって示されたのが始まりといわれています。望ましい未来の姿（目標となる状態）から逆算して、どういう施策を提案すべきかを考えます。その目標は達成不可能なものとなりがちですが、それを乗り越えるべく、方法を模索します。

　なお、逆に現状から改善策を積み上げる考え方を**フォアキャスティング（forecasting）**といいます。現在持っている資源をもとにしながら、達成しやすい目標を設定し、実行します。

　私は、どちらが正しいというものでもなく、両者ともに必要だという立場です。大事なのは、その両者の差分に気づくことです。思考の流れを示すと、おおよそ次のようになると想定できます。

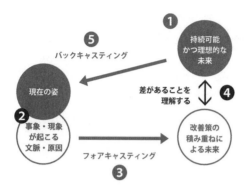

❶持続可能かつ理想的な未来を定義する。

❷ある事象・現象が起こる文脈・原因をたどる。

❸❷の改善策の積み重ねによって、どういう未来が描けるのかを想定する（フォアキャスティング）。

❹❸では理想の未来に近づけないことを理解する。

❺❶と❸の差分をどう埋めるのかを考える。現在に至る文脈をクリティカルに眺め、その理想に近づくための方法を考える（バックキャスティング）。

ここに注目してほしい

　ここで、もう一つ志望理由書を読んでもらいます。先ほどの志望理由書とは、考えてきた経験やプロセスが異なるものです。「これを書けば受かる」というものはありません。これから志望理由書を作成していくキミにとって、キミだけが歩む道があることも気づいてほしいのです。

---

1 今現在、世界には原因不明、治療不可能な難治性疾患や障害がたくさんある。私の弟もその一人であり言語障害及び知育遅滞である。三歳時に遺伝子検査、脳波検査を受けたが異常は見られず再度ほかの病院でセカンドオピニオンを求めそこでも検査を行ったが同じく異常は見られなかった。発達障害は今の医療検査の技術では異常を特定することが極めて難しい。発達障害の症状は遺伝的要因や環境要因による先天的な脳機能障害が原因となって生じるが、その詳細なメカニズムやなぜ脳機能障害が二つの要因に影響され起こるのかは未だはっきりと解明されていない。さらに、発達障害の症状は様々であり全ての人に当てはまる唯一の原因はないのではないかと言われており症状の有無についても具体的に数値化された基準もない。

2 このような背景から私は発達障害における医療検査技術の発展は必要不可欠であると考える。脳波や遺伝子さらには合併症の有無など膨大な患者のデータを集め、脳のどの部分の働き

が低下しているかまたどの部分が著しく発達しているかなど脳機能の働きやゲノム解析で遺伝子配列の違いを調べ、これらを疾患ごとに細部まで比較し数値化することができればそれを検査項目として使うこともでき原因解明や治療法の発見にもつながる。様々な分野の人たちと盛んに意見交換をし、一つの疾患に対し様々な視点を持ちチーム医療を大切にして医療の発展に貢献したい。

3 難治性疾患や障害の原因解明には疾患についてのゲノム配列やどのような症状が出るのか、脳波の平均及びその疾患の検査方法などの基礎知識を学び、たくさんの患者を調べその基礎知識の向上を常に図ること、そして一つの視点にとらわれず多様な分野から原因を探るということ、つまり専門的な知識の習得と経験値の向上そして物事を多様な視点からとらえることが必要であると考える。さらに将来的にはその視点を海外にまで広げ、よりたくさんの思考を手に入れるべきである。

4 私が東京医科歯科大学医学部保健衛生学科検査技術学専攻へ進学を希望するのは、多様な講義が開講されていることでより専門的な技術を極めることができ難治疾患研究所と連携した講義が含まれていて調べたいことについてより早くから学びを始められるからである。現在、発達障害の分子病態解明と治療開発というテーマの下で研究が進められていて、どの遺伝子が精神遅滞にどれほどのレベルまで影響を及ぼしているかは解明されている。しかし、治療法は未だ確立したものは発明されていないため治療法を確立するために研究をしたい。また一年時

に教養部があり全学科合同で学ぶため、異分野の人たちと接し新しい世界や発想を広げることができる。さらに、海外研修も盛んに行われていて世界の医療に触れることにより更なる経験値の向上が期待できる。

⑤ 将来は大学で学んだ臨床検査学や研究を基礎として、世界中で難治性疾患や障害を抱えている人の希望となれるようなマルチな臨床検査技師になりたい。そのために、ただ作業をこなすだけでなく新しい検査方法の研究・提案をして、疾患が増えてきているこの世の中で様々な疾患に対応できるように経験と実績、柔軟な思考力を持ち難治性疾患や障害の原因解明・治療につながる新たな検査技術の研究をしたい。また、異分野の研究者と協力して検査技術の更なる発展に貢献していきたい。例として、電子工学の研究者と協力することにより、その物体の凹凸を感知できる技術を利用して画像以外に腫瘍の有無を触覚で感知できるようなエコーの研究・開発などを進めることができると考えている。

[アドミッション・ポリシー]
〈全学〉
《求める学生像》
東京医科歯科大学は、本学の基本理念に共感し、本学で学ぶという強い意志をもった多様な人材を国内各地のみならず世界各国から受け入れたいと考えています。
本学の使命は、研究者・医療人のリーダーを育て、広く社会・人類に貢

献する人材を育成することです。それを実現するためには、幅広い教養と知識や、医療・生命科学への旺盛な好奇心のもと、問題を発見し、解決していく能力が必要となります。

また、本学に入学し培われた経験は、日本国内のみならず、世界に発信していかなければなりません。そのためには、国内外に幅広く目を向け、医療・社会に貢献・還元するという使命感を在学中から意識し、卒業後に実践していく能力が必要です。

このように、本学で学ぶために必要な基礎学力と、それをさらに発展させる力、自ら考え学習する能力と、それを生涯にわたって継続する力と意志、年齢相応の成熟度を備え、社会に貢献するために必要な倫理観およびこれから伸びる力を有している人材を求めます。

《入学試験の基本方針》

本学の入学試験では、学力検査などにより、高等学校において修得すべき知識・技能と、それらを基にした応用力・展開力を評価します。

面接および提出書類により、医療に従事する者としての資質および適性、医療・生命科学領域に対する強い関心をもち、それらの将来的な課題に対し、自ら考え解決しようとする力およびこれまでの主体性をもった取り組み（高等学校等在籍時の自己の活動、国際感覚に優れる活動など）を評価します。

〈医学部保健衛生学科〉

【教育理念】

本学科は、看護学、検査技術学の2つの専門領域における知識・技術を教授することにとどまらず、豊かな教養と高い倫理観に裏づけされた医療人としての感性を有し、学際的視野にたち、自ら問題を提起し、これを解決できる能力を備えた医療人を養成します。

【教育目標】

〈検査技術学専攻〉

先端医療技術の進展に対応しうる学際的視野と研究能力を有する資

質の高い人材および医学、保健医療における検査技術の発展とその教育・指導に従事する人材を育成する。

《求める学生像》
【特別選抜Ⅰ（学校推薦型選抜）】
１．保健医療および看護学または検査技術学に深い関心をもち、他者への思いやり、責任感、倫理観を備えている。
２．観察力、科学的思考力、問題解決力、総合判断力を備えている。
３．人間性が豊かで、継続的に自己啓発し、探究心が旺盛である。
４．コミュニケーション能力が優れ、リーダーシップを発揮して課題に取組むことが期待できる。

《入学試験の基本方針》
【特別選抜Ⅰ（学校推薦型選抜）】
小論文では、問題発見および解決に必要な批判的・創造的・協働的思考力に加えて、文章を読んで内容を理解する力、それについての自分の意見を記述する力、物事を科学的に分析する思考力などを評価します。面接および提出書類では、与えられたテーマについて自分なりの考えをまとめ、分かりやすく人に説明する力、人の意見を聞いて議論する力などを評価します。

《入学までに心がけて欲しいこと》
高等学校で学習したことが基本になることはもちろんですが、「覚える」学習にとどまらず、日頃から「自ら調べ、自ら解決し理解を深めてゆく」姿勢を心がけて欲しいと思います。英語力の向上にも計画的に取り組んでください。

〔東京医科歯科大学ウェブサイトより引用　https://www.tmd.ac.jp/admissions/faculty2/8_58d206b807ff2/index.html〕

志望理由を考えるプロセスを見てみよう

　彼女には臨床検査技師になりたいという夢がありました。では、何のために臨床検査技師を目指すのかと尋ねると、障害のある弟のため、ということでした。

　しかし、臨床検査技師になることと、弟さんの知育遅滞と言語障害は、単純には結びつきません。もしかしたら教育の分野で解決できるかもしれないし、もちろん医療、たとえば、医師もあり得るわけです。その中でなぜ臨床検査技師なのか。彼女は答えられませんでした。

　この話を聞いたとき、「もしかしたら、他の方法を知らないだけかもしれない」という考えが私の頭をよぎりました。しかし、彼女はそうではなく、直感的に結びつくと感じたのだといいました。その勘を信じ、その意味を探ることにしました。だから最初に、臨床検査を通して障害者を救うということを掘り下げていきました。

　掘り下げるにあたり、関連する体験を探しました。そうすると、弟さんの障害に関係しそうな話が出てきました。

　彼女はJICE（日本国際協力センター）の派遣事業で東ティモールに行くという体験をしていました。おそらく子どもの頃から医療の現場に行きたいという思いがあったからでしょう。彼女は、ここでの体験を経て、弟さんを障害から救いたいという思いを自覚しました。

　臨床検査の分野で解決する方法は何かあるのか。それを考え

ました。まず、発達障害とは何だろうということを、彼女は調べ始めました。調べていくと、発達障害は遺伝的な要因で起こる一方で、先天的な脳機能障害もあるということがわかりました。でも、この障害が起こるメカニズムは、この時点ではわからなかったのです。ここから彼女が考えたのは、そもそもメカニズムが不明であれば、検査方法だってわからないはず、ということでした。

彼女の場合、最初「発達障害って何なのか」ということを、Googleを頼りにしながら調べました。「遺伝的な要因とは何か」という問いが生まれたあたりで、書籍を読み始めました。書籍からはそのメカニズムがわからず、そこで、論文を追い始めます。でも答えが出てきませんでした。検査する方法もわからず、障害を起こすメカニズムも不明で、「わからないことだらけ」という状況です。ただ、いちおう原因とされるものとしては、遺伝的な要因と先天的な脳機能障害があるので、このメカニズムを追っていくというように、方向性が見えたわけです。

この志望理由書の見どころ

彼女が本質的に捉えたことは何だったかというと、「そもそも何のために検査があるのか」という問いです。この研究をすることによって、もしかしたら障害の原因を突き止められるかもしれない。検査で原因がわかるようになれば、本人や家族がよりよく生活することと結びつく、と考えたのだろうと思います。セカンドオピニオンを求めて、そこでも検査を行ったが異

常は見られなかったという経験からのことで、彼女はこの体験から直感的に、検査が発達障害を抱えている人たちやその家族の幸せにつながるのではないかと、考えたのだと思います。この内容は彼女にしか書けない話です。

アドミッション・ポリシーとの照合

彼女はここまでわかって、東京医科歯科大学で学びたい理由を4段落目で書いていきます。大学で、遺伝子について学ぶこと、脳波の測定技法を知ること、それらが必要だとわかりました。アドミッション・ポリシーに掲げられている「観察力、科学的思考力、問題解決力、総合判断力を備えている」「人間性が豊かで、継続的に自己啓発し、探究心が旺盛である」というところは探究活動によって十分にクリアできているといえます。

さらに発達障害の分子病態解明と治療開発というテーマの研究がこの大学でされていることも確認しました。遺伝子疾患の検査に向かう動機と併せると、「保健医療および看護学または検査技術学に深い関心をもち、他者への思いやり、責任感、倫理観を備えている」というところも満たせています。

「コミュニケーション能力が優れ、リーダーシップを発揮して課題に取組むことが期待できる」というポリシーについては、ここには掲載していない自己アピール文でJICEの派遣事業への参加について語るくだりで示しており、クリアしています。

どんな人が合格するか

　彼女は新たな検査技術の研究開発をしたい、そのために異分野の研究者と協力したいと言っています。実はここにエピソードがあります。私の高校内予備校の授業は、互いに志望理由書を読み合い、対話するスタイルを取っています。単にダメ出しをし合うフィードバックではなく、曖昧な言葉をくわしく語ってもらったり、言葉の意味を心の内から引き出すワークを行っています。そのとき、彼女の答案を読んだ、電子工学を専攻したいと考えていた受講生が「僕の研究と結びつけられたら、面白い検査技法ができるかもしれない」と言ったのです。それから2人の会話は共同研究のプランニングにまで発展しました。まさにこれが、**創発、新しい世界が生まれる瞬間**です。1人ではこういうことは思いつきにくいものです。異分野を融合させ、化学反応が起きる。仲間との心の通い合いと対話はこのような未来を生むのだと実感した瞬間でした。

　彼女は解決の方向性として、単純に臨床検査という専門領域だけではなく、自分の専門外の人との連携を意識しているのです。彼女が評価された一因は、このストーリーだけでなく、**自分では力が足りない部分について他の人と協働して考えることを提案できたところ**にあるように思います。

過去の経験の考え方

　自分の過去を振り返ったとき、「部活動をやってきました」

とか、「文化祭をがんばりました」とか、このようなことを素材に考えることも多いと思います。

このような素材を考えるとき、**過去の体験を経験化する、ストーリーをつくって価値づけをする**ことを考えましょう。

彼女の場合は、弟さんとともに生きてきた経験を、臨床検査学という視点で捉え直しました。自分が臨床検査学をさらに発展させたとき、彼とどう向き合うことができるか、と思考を巡らせたのです。日々生活を送るだけではなかなかその意味を見出すことはできないけれど、**自分の学びの領域が定まると、その経験に意味を見出すことができます。**

38ページの志望理由書でも、同じことがいえます。2段落目で留学の話をしていますが、実は最初に留学の体験を考えたときには彼女はその価値をあまり意識していませんでした。しかし、いまの自分――様々な学びを得、探究してきた自分――から、過去のその体験を見つめ直してみると、実は意味があった、価値のある体験だった、と気づくことができたのです。

このように過去の体験を経験化する、価値づけをすることを意識すると、今までの体験に意味が出てきます。そこからさらに、ストーリーが芽生えることもよくあります。つまり、**志望理由を考えた時点で、自分自身はどう考えたのかでよいのです。**過去の体験は自分自身で価値づけをしてください。自分の経験、体験の価値は自分自身でしか見つけられないものです。

08 | 思考の段階①

3つの評価軸

　私は、大学のアドミッションオフィサー(自分の大学にふさわしい学生を募集して採用する専門職員)の養成研修を受けています。そこで大学の入学者選抜の肝を学んできました。その視点から、合格者の答案例をもとに、私が大学側の人間であると想定し、「私ならどういう軸で評価を行うか」を示してみます。

　ただ、志望理由書の評価軸は各大学によって異なるものですし、それは理念やディプロマ・ポリシーによるものという前提はあります。一方で、高大接続改革の意図や我々が目指す世界を踏まえると、その軸のおおよその方向性が見えてきます。

□ どの段階まで思考しているか (思考の段階)
□ 取り組もうとしているプロジェクトはどういう種類か
　(プロジェクトの目的)
□ 研究対象をどこまで俯瞰しているか (メタ視点)

ブルームのタキソノミー

　まずは「思考の段階」について。その受験生は、どの段階で物事を思考しているのか、大学で必要な思考の段階を満たしているのかを評価しよう、ということです。その指標の一つとして、ベンジャミン・ブルームという教育学者が示す観点を紹介

します。彼は「教育の目標とする領域のレベル」を分類・提案し、「タキソノミー(教育目標分類学)」と名付けました。この分類は個々の達成度を調べ、学習支援に役立てる活動や、より高いゴール設定をするために用いられています。この軸は、IB(国際バカロレア)やCEFR(外国語の学習・教授・評価のためのヨーロッパ言語共通参照枠)にも通ずる観点ですし、そのエッセンスが文部科学省の学力の3要素の分類に含まれています。高大接続改革は学力の3要素をバランスよく評価することが求められていますので、タキソノミーを理解することは欠かせません。

　本来なら6段階あり、くわしくは「改訂版タキソノミー」というキーワードで文献を追ってみてください。ここでは思考には大まかに以下の3段階があると捉えてみましょう。

□ 知識・理解思考
□ 分析・論理思考
□ 批判・創造思考

「知識・理解思考」というのは、「知識を暗記して、理解する」ということ。「分析・論理思考」というのは、もっている知識を筋道立てて分析的に説明すること。「批判・創造思考」というのは、事実関係に対して批判的に捉え、よりよい解を創造的に生み出すことを指します。アップデートすることだと言い換えることもできます。なお、批判・創造思考を「高次思考」といい、より難度の高いものだと捉えています。

09 | 思考の段階②

学力の3要素とタキソノミー

　大学の3つのポリシーは、文部科学省が示している「学力の3要素」に分けて示されることが増えてきました。学力の3要素とは、確かな学びの構成要素を示したものです。そして、**学力の3要素に基づいて志望理由書を評価する大学もあります。**これらはブルームのタキソノミーの観点と関係性があります。

　まずは「学びに向かう力・人間性」。主体性をもって多様な人々と協働して学ぶ態度のことです。この視点は「社会の構成員として、どう未来をつくるか」ということであり、まさに見えない世界を見ようとする批判・創造思考の領域にあたります。

　その基盤にあるのが「思考力・判断力・表現力」。知識・技能を活用して、自ら課題を発見しその解決に向けて探究し、成果等を表現する力のことです。これは、自分で手に入れた既存の知識や技能を論理的に組み合わせるという手続きですから、分析・論理思考を用いているといえます。

　そして、それらの土台になるのが「知識・技能」。これはまさに知識・理解思考の領域です。

評価されるのは批判・創造思考のもち主

　そして、志望理由書では特に「学びに向かう力・人間性」、批判・創造思考が問われます。それは大学が知の最先端、まだ見ぬ世

界を見ようとするところだからです。だから、未来をつくろう、見えない世界を見に行こうという高い志をもち、「こうしていきたい」という提案ができる受験生を評価したくなるわけです。

一方、知識・理解思考と分析・論理思考だけで語る志望理由書は、過去と現在の世界の話。大学で「知」を生み出したいと願う人はここで立ち止まりません。「調べ学習をし、こんなことがわかりました」と語るだけでは、不十分なのです。

3つの思考は本来分けて考えられない

そもそも知識・理解思考、分析・論理思考、批判・創造思考を分けて捉えることはできません。しかし、多くの高校での教育はそれが日常的に行われており、私は疑問を抱いています。「基礎的な知識を入れなければ、論理的な思考を要求する問題は解けるはずがない」「創造性を育む教育など大学合格に結びつかない」などと、それぞれの思考を分断する教育が行われています。

しかし、実際にはこれらの思考は相互に行き交うものですし、分断するほうが不自然に思います。未来創造のイメージがあるけれど、知識が足りないから後追いでキャッチアップ、そうしながらイメージを確固たるものにする、という思考の行き来があってもよい。**思考の行き来の自由を認め、最終的にたどり着きたい未来に向けて本気で取り組んだかが問われる**。これが志望理由書の世界観だといえるでしょう。

10 | 思考の段階③

批判とは何か

　この視点をもとにすると志望理由書では批判・創造思考をもつことがマスト、ということになります。ここでの「批判」には誰かを感情的に否定したり、ぐうの音も出ないほど論破したりするという意味はありません。それは「非難」と呼びます。そうではなくこれまで培ってきた知識や技術や常識や理論に対して、様々な視点から捉え直すことを「批判」といいます。

　前で示した2つの志望理由書でも、そうした姿が読み取れます。「自分らしい美を追求しているように見えて、実はメディアに影響されているのではないか?」と、存在論的に捉えた美を別の角度から捉えています。「臨床検査学による研究だけで本当に技術は進展するのだろうか?」と、難治性疾患の原因究明を専門領域だけで考えることを、捉え直しています。

世界にドップリ浸かろう

　このように多面的にモノを捉える視点は、その世界にドップリ浸かり、わかることとわからないことを丁寧に仕分けしていかないと得られません。前述の2人は、それぞれの領域で経験を重ねたり、フィールドワークに出かけたり、自分の手でモノをつくったり、文献調査を重ねたりしながら、その世界を知ろうとしていますね。

創造したい未来とは「最高善」

　批判する視点は「もっとよいものが生み出せるのではないか？」という未来へのまなざしを示します。どういう最先端に立ち、大学という「知」を生む場でどんな研究プロジェクトを行い、どんな未来をつくっていきたいか。そのデザインが単なる憧れやイメージに留まらず、鮮明に描けるようになります。

　そこで肝心なのが「どういう未来に向かうべきか」ということです。それは「社会の人々と共存する未来」であることは明らかです。人間は好き勝手に社会の中で生きるわけにはいかない。でも、そうした中で、人は幸せに生きたいと望む。ならば、**自分を含めた多くの人々や社会に、より多くの「善」をもたらすような未来をつくればよい**。これが我々の目指すべきところではないかと思いますし、私はそういう人になってほしい、とよく言います。そうした世界を最高善（higher good）と呼びます。

　こうして学力の3要素にある「学びに向かう力・人間性」を養い表現していくのです。

プラトンと最高善

　プラトン（紀元前428年頃〜紀元前347年頃）は古代ギリシアの哲学者です。政治や恋愛、ことば、善と正義という問題に真正面から向き合いました。彼は著書『パイドン』において「何が最善か」を探求することの重要性を論じています。そもそも世界はコトやモノが存在するだけの集まりではありません。それぞれに意味や価値があり、その秩序がありますし、その本質を捉えることが大切だと私たちに教えてくれます。複雑かつ偶発性が伴う世界ではそもそも究極の善などなく、それぞれの意味や価値、秩序に基づいた善を探求する必要があります。よって、本書では最高善を highest good ではなく higher good と示しています。

11 │ プロジェクトの目的

World Projectを目指そう

　創造したい未来が「最高善」であれば、プロジェクトにも段階があるといえます。

☐ My Project（自分の未来のための計画）
☐ Our Project（仲間の未来のための計画）
☐ World Project（社会や世界のための計画）

　よくあるのが「私はこれが好きだから、トコトン取り組みたい」という趣旨の志望理由。それは、学びの根源を自分に求めるという点で素晴らしい。しかし、「それでいいのか」という問いを投げかけてほしいのです。それは自分が幸せなだけで、他者の幸せに結びつくのかが自覚的ではない、My Projectの状態。

　一方、「友達のためにがんばる」というもの。小さなコミュニティ（共同体）の中で、大学での学びを活かすという視点もあっていい。ただ、それでは「最高善」を得ていくのは難しいものです。価値観が単一化されがちで、他の価値観を踏まえたプロジェクトにはなりにくいからです。Our Projectの段階。

　せっかく学ぶなら「広く社会や世界のために学ぶ」という視点をもってほしいです。**自分の研究や探究が、様々な価値観が**

対立する中で、社会や世界に属する人々に「最高善」をこのようにもたらしたい、という視点が、プロジェクトの最も高い段階と言えるでしょう。前述の2人は「美を通して社会と個人の幸せを願うプロジェクト」「難治性疾患を臨床検査の世界で救うプロジェクト」を掲げ、すでにこの域に達しています。

「志の高さ」はこういう視点で捉えることができます。私なら、受験生が取り組むプロジェクトの段階に応じて、評価するということを考えます。「学びに向かう力・人間性」を表現するには、こうした**プロジェクトの視座を高める眼差し**が大切だということです。

学ぶことに「蓋」をするな

　私たちはつい「知識がなければ応用ができない」などと捉えがちですが、知識の獲得には順序はありません。ブルームの改訂版タキソノミーにも、そういう順序の指摘は含まれていません。先に獲得したり、後から獲得したり、ということを自在に行うものです。

　中には「難しい言葉だから、調べ学習を避ける」「大学で学ぶのだから、ここまで難しいことを知る必要はない」「難しいことを語るとボロが出る」などという高校生や先生方がいますが、私には疑問です。なぜ「知」を拡張することに蓋をするのでしょうか。私には戦術という名の「逃げ」にしか見えません。

　私なら「学ぶならトコトン学ぶ」ことを勧めます。こうして調べた材料をもとに、どの学問領域が自分にとって興味深いか、考えていくとよいでしょう。

12 | 志望理由書の評価軸を 可視化する

メタルーブリック

　これらを踏まえると、「思考の段階」「プロジェクトの目的」という2つの軸をもとに、その受験生がどういう段階にいるのかということが、以下の図のように見える化できるようになります。これをメタルーブリックと呼ぶことにします。私の塾や高校内予備校の講座では、これを掲げています。

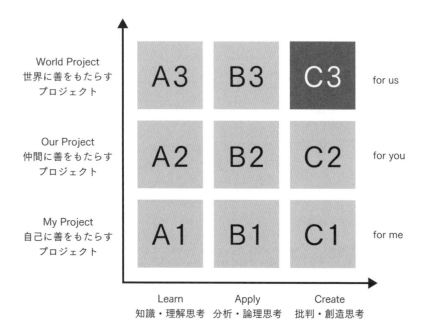

　理想はA軸およびB軸（知識・理解思考、分析・論理思考）を兼ね備えて、未来をつくるためにWorld Projectを望む受験生（C3）です。「**みんながhappyな未来をつくるためにプロジェクトを考え、実行しようとする受験生**」というイメージです。

メタルーブリックを用いた大学側の評価の予想

　ただ、受験生全員がC3の段階にいるわけではないので、そうした受験生を引き受けるかどうか、「受験生に欠けている部分を大学で育てられるか」ということを検討するわけです。

　たとえば、志望理由ではB軸（分析・論理思考）の内容であっても、World Projectを掲げているならば、そこは研究室やゼミナールで引き受けよう、という判断もあっていい。

　C軸（批判・創造思考）にいても、プロジェクトがMy Projectであれば、その学びの果実をどう社会と接続するのかを考える機会を大学が提供できるのか、ということになる。

　他方、A軸（知識・理解思考）に長けているけれど、My Projectのまま、もしくはそもそもプロジェクトすら意識していない受験生もいます。指定校推薦入試の受験生ではよくあるケースです。

　大学側は、そういう受験生を本当に引き受けていいかを本気で検討すべきだ、ということになります。そもそも評定平均や筆記試験の結果がよいことを「A軸が高い」とみなす大学が多いのですが、本当にそれが大学の研究で求められる知識・技能なのか、ということは今一度大学側に考えてほしいところです。

13 志望理由書に 取り組むための心構え

思考してから書く

おそらく「志望理由書を書きましょう」といきなり言われても、思考の積み重ねがなければ当然筆は動きません。そもそも、書くことが目的ではなくて「なぜその学部・学科を選んだのか」「なぜその大学を選択したのか」を考えてほしいというのが、志望理由書を課す大学の意図です。まずは、志望理由について思考することに力を注ぎましょう。そのあと各大学の書式に合わせた「型」に格納する形で文章にします。

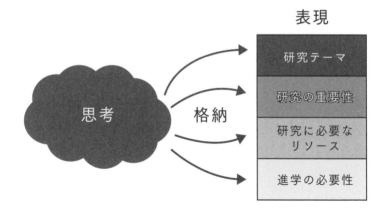

志望理由書の概観

大学進学のための志望理由書の全体の概観を理解すると、内容が理解しやすくなるので、説明してみようと思います。

　世の中には「最高善（higher good）」という理想を目指したいけれど、実際には理想と現実のギャップがあるものです。たとえば地球に生きるすべての生命が環境を壊さずにいるのが理想でしょうが、実際には難しいものです。環境を保全する者と破壊する者が同一となっていて、厄介です。こうした理想と現実のギャップを「問題」といいます。しかしながら、人間ができることには限界がありますので、無数の問題の中から選択をすることになろうかと思います。

　また、問題は複雑ですから、多数の要因が絡み合っています。その要因を「課題」といいます。その課題の中にも、問題発生に強く紐づくものもあれば、間接的なものもあり、問題とのかかわりに強弱があります。複数の課題の中で、どれが最も影響を与えているのか、どれを解きほぐせば問題は解決するのか、ということを考え、優先順位をつけながら、我々は課題を選択します。

　善い世界を願うなら、課題を解決したいと願うはずです。その解決の方法はさまざまありますが、大学は研究する場、学術を極める場ですので、解決を「研究」「学問」という手段で行うことになります。この方法もさまざまな学問領域がありますので、色々考えられるところですが、効果がありそうなアプローチ（学問）を選択します。ここまでを「学部・学科の選択理由」とします。

　そして、その学術的アプローチができる場があるかどうかを探します。大学・学部・学科は複数ありますので、自分自身が

考えている方法がマッチするかどうかを擦り合わせ、最も実現できそうな大学を選びます。時にはジャストフィットしない場合がありますが、適宜調整しながら、志望大学を選んでいきます。ここを「大学の志望理由」とします。

このように、「学部・学科の選択理由」「大学の志望理由」を紡いでいきます。ただし、書かれている順番通りにストーリーができあがるわけでもありません。課題を解きほぐす中で問題に気づいたり、大学選択の場面で研究や学問と出会ったり、と相互の要素を往復して固まってくるものです。

また、これらの要素を考えていく間に、さまざまな選択を迫られます。一方で、ストーリーは一直線で論理性の高いものに仕上がりがちですから、採点者側には「なぜその選択をしたのか」「他の選択肢はなかったのか」という問いが芽生えます。後の面接試験でも問われることになるでしょう（「別にこの選択肢でなくてもよいではないか」などとキミの主張を転覆させる質問が投げかけられることもあります）。こういう点もクリアにするために、どういう選択肢があるのか、なぜその選択肢が最も有利なのか、ということを常に整理しながら論じることが必要となります。

志望理由を思考することとは

志望理由を構築する際に肝心なことは、人生のストーリーを思考することです。ですから、**第2章**ではその思考法、**第3章**ではその組み立て方を学びます。どういう人生のストーリーを描きたいのか、そのストーリーの中で大学の学びをどう位置づ

けるのか、を語ることが重要です。その語りが本当にやりたいこと、求めていることであれば、おそらくキミの幸せを導く要素になります。

　だから、**受かりたいから書くというより、自分自身が望む世界をつくるために志望理由を考えます**。過去の経験や知識を再生産するという感覚ではなくて、自分自身が本当に未来をつくるのだとか、つくれるのだというように、自信をもてるきっかけにしてほしいのです。

限界をつくるな

　志望理由を考える過程で「わからない」「何がわからないかがわからない」「もう限界だ」などと考える受験生に出会うことがあります。周りの大人が「そんなことは無理だ」「無難にこういうことを書いておけばいい」などと勝手に限界をつくることもあります（私は「可能性に蓋をする行為」と呼んでいます）。しかし、限界はキミの心の中でつくられるものだということに気づいてほしいのです。だから、限界は突破できます。

　ぜひ志を抱いてください。自分の能力、自分の好み、自分の判断を信じてください。なりたい自分をイメージし、そのイメージづくりに情熱と勇気を注いでください。そして、新しい自分を現実のものとして感じ取り、より大きな期待を抱いて生きてください。きっと、キミならできるはずです。具体的には84ページから「マインドセット」「志」をテーマに記しています。

☐ 志望理由書に必要な項目は「学部・学科の選択理由」
「大学の選択理由」の2点。

☐ 大学は研究機関である。学問の力で知を生み出す場。

☐ 探究とは、問いを見つけ、調査・実験・検証を経て、仮の答えを
出し、新たな問いを見つける手続きを繰り返すことを指す。

☐ 志望理由で書くべき項目は以下のとおり。

❶ 学部・学科の選択理由
Ⅰ 実行したいプロジェクト
Ⅱ このプロジェクトにはこういう「知」を生み出すという意義がある

❷ 大学の選択理由
Ⅲ このプロジェクト実行のためには、こういう学問の修得・環境・支援
者が必要だ
Ⅳ 志望校では、このプロジェクトがこう実行できる

☐ 「知」を生み出そうとがんばってきた受験生と、
そうでない人では差がつく。

☐ 志望理由書では、アドミッション・ポリシーにどれくらい
合っているか、どれくらい思考しているか、どれくらい
研究・探究しようとしているかという度合いが評価される。

☐ 他者と共存・共生するための研究・探究を目指そう。

□ 志望理由書で評価されるのは、批判・創造思考のもち主であり、World Project（社会や世界のための計画）をもつ人といえる。「みんながhappyな未来をつくるためにプロジェクトを考え、実行しようとする受験生」。

□ 批判とは、これまでに培ってきた知識や技術や常識や理論に対して、様々な視点から捉え直すことをいう。

□ 志望理由書では、自分を含めた多くの人々や社会に、より多くの「善」をもたらすような未来をつくる「最高善（higher good）」を目指そう。

□ 志望理由について思考することに力を注ぎ、そのあと各大学の書式に合わせた「型」に格納する形で文章にしよう。

第 **2** 章

志望理由書の
思考法

よぉ〜し
書くぞ！

……

えぇっと…

あれ？

何を書いたらいいの
かわかんなくなって
きちゃいました

まっしろ

そもそも
どう考えたら
いいんですか？

志望理由書の核
になるのは、
プロジェクト

PROJECT

そのプロジェクトを
探る方法をざっと
説明しよう！

お願いします！

まず
気になることを
探そう

つぎに
気になることと
結びつける学問を
考える

その上で
学問を通して
気になることを
深掘りしていくんだ

つぎは、その問いを解く
ためのプロジェクトを
どこでなら実現できるか
探す

その過程で
「答えが出ない問い」
が見つかる

これが「知」を生み出す問い
見通しの立たない問いであり
知のフロンティアなんだ

なんとなく
することは
わかりました

じゃあ
くわしく説明しよう

14 | プロジェクトの 良し悪しが肝になる

学部・学科の選択理由＝プロジェクトによる「知」の創造

　志望理由書で最終的に示すべきことは、以下の❶、❷だと述べました。改めて確認します。

---

❶学部・学科の選択理由

Ⅰ 私はこういうプロジェクトを学部・学科で実行したい

Ⅱ このプロジェクトには、こういう「知」を生み出すという意義がある（だから、学部・学科でこういうプロジェクトを行いたい）

❷大学の選択理由

Ⅲ このプロジェクトを実行するためには、こういう学問の修得や教育、環境や支援者が必要だ

Ⅳ 志望校では、このプロジェクトがこう実行できる（だから志望した）

　まずは、「❶学部・学科の選択理由」を考えることから始めます。志望理由書のコアになるものは「プロジェクト」の企画です。どういう研究プロジェクトを通して、どういう「知」を生み出そうとしているのか、クリアにすることが大切だということです。

　しかし、突然プロジェクトを考えるというのは難しいもので

す。そこで、**第2章**では、初歩からプロジェクトを探る方法を、順を追って解説していきます。

　ただ、これはとても手間のかかることですので、諦（あきら）めず、丁寧に、気持ちを高めながら続けてほしいです。また、途中でショートカットする方法や、困ったときに踏んでいく手続きも、私の経験で考えられるものはできる限り紹介していきます。

大学の選択理由＝プロジェクトを実現する学び場

　プロジェクトの企画がクリアになると、ようやく「❷大学の選択理由」を語ることができます。プロジェクトに必要な学びや環境を整理し、「これらがあるから私のプロジェクトが達成できる。だから、この大学に入学したい」と自信をもって示せるようになります。

　したがって、**志望理由書の良し悪しはプロジェクトの質にかかっている**ということです。じっくり、腰を据（す）えて臨みましょう。

15 | マインドセット

まず「マインド(気持ち)」を整える

志望理由を考えるにあたって「どういうマインドをもって取り組むべきなのか」が鍵となります。気持ちを高めることで、「これをもっとやりたい」「もっと学びたい」「この学問に興味がある」と感じやすくなります。

Growth Mindset

スタンフォード大学のキャロル・S・ドゥエックという心理学の先生が、「成長する人ってどんな人?」ということを研究されています(ぜひ原典〔『マインドセット──「やればできる!」の研究』〕を読んでみてください)。

① 挑戦する心

志望理由を考えることは、既知の世界から未知の世界を覗（のぞ）こうとすることです。見えない世界を見ることは大変ですが、そうした困難を挑戦として受け入れる姿勢が大切です。

② 壁を乗り越える心

探究の過程で「わかる」ためには、壁にぶつかって、乗り越えることが必要です。壁にぶつかっても、思い通りにいかなくても、諦めない人が成長します。

③ 努力を惜しまない心

志望理由を練り上げるには、努力が重要です。まだ見えない世界を見よう、つくりたい世界をつくろう、と努力する。その努力は身になるのだと感じることで、成長につながります。

④ 批判に耐える心

志望理由は、論理的に批判されることが大切です。自分と価値観が違うからこそ、気づきが得られます。批判されるのは感情的に嫌なものですが、批判を無視してはいけません。

⑤ 他人の成功を受け入れる心

誰かがスムーズに志望理由を書くことができ、自分はうまくいかないということは起こり得ます。そのときには、他人の成功を受け入れましょう。「私もこうやればいいのだ」と意欲に変えることができると成長につながります。

きちんと未来と向き合うために、以上のような姿勢をもって取り組んでください。そうすると、どんどん成長し、物事は達成しやすくなっていきます。

5つの姿勢すべてを満たす人は少ないと思います。ですが、**肝心なのは自分に足りない部分を自覚し、成長できる姿勢へと自分の気持ちを寄せていく努力です。自分が研究したいことにのめりこめば、自然と成長できるマインドになります。**ただ、一方で成長の兆しが見えず、迷う瞬間は出てきます。そのときには、自分の姿勢、考え方を振り返ることが有効です。

16 | 志

成長することは手段である

　成長するための心構えをお話ししましたが、成長することそれ自体が目的というわけではありません。つくりたい未来に必要なものを手に入れるために成長するのです。その際、**「こんな未来をつくりたい」という志をもつことが大切**です。まさに「志」望理由には欠かせません。

　たしかに、いまのままの世界を維持するという未来の描き方もあるかもしれません。けれども、われわれの生活環境が大きく変わっていく局面で、変わらない前提で考えるのはお勧めできません。

　そもそも、私たちは、一人ひとりが単独で生きているのではなく、多くの人々と共同体の中で生きています。共同体で、各々がどのように自分の力を発揮して、どんな未来をつくる仲間として生きるのか。その志がとても大切です。だから大前提として、どういった志をもってこれからの未来をつくるのか、ということを考えてみてください。

未来志向

　考え始めた最初のうちは、「幸せな世界」というように、漠然と考えることになると思います。けれど、志望理由を考え、探究をしていく中で、だんだんその輪郭がはっきりしてくるは

ずです。悩んだり、苦しんだり、でも楽しいことがあったり、という経験を積み重ねて、試行し続けながら、やっとつくりたい未来が見えてきます。この志を達成することが目的であって、成長することが目的ではないのです。

この志は、大学に入った後も大切です。そもそも、大学は研究機関で、未知の世界を既知の世界に変えていくところです。そこにいる研究者は、漠然とした問題というのをもっているわけではなくて、課題というのをもっているはずなんです。なお、問題というのは、たとえば環境問題とか、教育問題とか、その問題だと思われている領域全般を指します。そして、その問題を細かく分解して、解決できるレベルまで落とし込んだものを課題といいます。だから、問題解決のためには、課題は何かを見つけなければなりません。

大学において、自分が最先端に立つ人間として、どういうふうに未来をつくっていくのか、何を解決するのか、ということにも、ここで考えた志が大切になります。

研究は意識が高くないとできない

この「志」の内容は、まさに意識が高い話です。若い人が使う「意識高い『系』」ではなく、本当の意識の高さです。**研究は、意識が高くないとできない**のです。

17 | A-Bモデル

A-Bモデルとは

マサチューセッツ工科大学の上級講師であるピーター・M・センゲ氏は、『学習する組織』という書籍の中で創造的緊張（クリエイティブテンション）という概念を紹介しています（内容は難しいですが、ぜひ読んでみてください）。

いま起こっている現実をA、ビジョン（未来に描きたい世界）をBとします。このモデルをA-Bモデルと呼ぶことにします。本書では、A-Bモデルをもとにして志望理由を考えます。

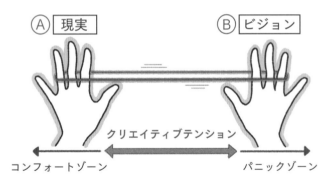

創造的緊張とイノベーション

上の図は、現実とビジョンという2つの掌（てのひら）にゴムひもを通して、伸ばしている様子を示しています。ビジョンを描けば、現実との乖離（かいり）が見えてきます。センゲ氏は、その乖離を認識し、

適度にゴムひもを引っ張り、創造的緊張（クリエイティブテンション）として維持できれば、現実をビジョンに近づける創造的エネルギーになると述べています。現実をビジョンに近づける中で、イノベーションが起こります。イノベーションとは、物事の「新結合」「新機軸」「新しい切り口」「新しい捉え方」「新しい活用法」、それらを創造することを指します（135ページ）。

しかし、あまりにビジョンと現実が乖離している状態だと、ゴムひもは伸びきってしまい、場合によっては切れてしまうかもしれません。これをパニックゾーンと呼びます。そうならないように、ビジョンを実現しやすいように言語化しつつ、現実を把握し、ビジョンに近づける方策を練ることが大事です。

逆にゴムひもが伸びず、現実に引き戻されている状況をコンフォートゾーンといいます。要は、ビジョンを実現することを諦め、現実のままでよいとする「ぬるま湯」状態のことです。

現実とビジョンを適切に捉えよう

キミは、探究の過程で「現実」、つまり「知」を学んでいきつつ、未来のあるべき姿を「ビジョン」として考え続けることになります。現実がビジョンに近づいたら、よりビジョンを高め、創造的緊張を保ちます。これを繰り返し、より高い理想を求めていきます。まさに最高善（higher good〔67ページ〕）をつくろうということです。両者を適切に捉え、**ときには知識を獲得しにいき、キミ自身をビジョンに近づけながら、イノベーション（135ページ）を起こせる人として成長してほしい**と思っています。

第2章の流れ

　以後、82ページで確認した「志望理由書で示すべきこと」を
もとに、A-Bモデルに当てはめてみます。

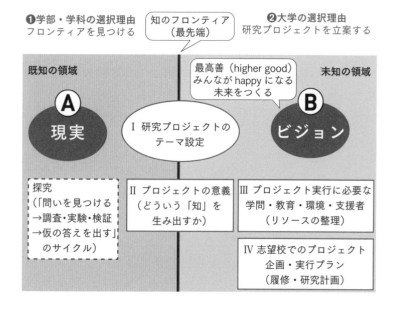

　本書ではすでにおおまかにビジョン（B）を掲げています。
「World Project」「最高善」という創造したい未来を描こうと述
べています。メタルーブリックの**C3**を目指すわけです（70ペー
ジ）。

❶ 学部・学科の選択理由
Ⅰ 私はこういうプロジェクトを学部・学科で実行したい
Ⅱ このプロジェクトには、こういう「知」を生み出すと
　いう意義がある（だから、学部・学科でこういうプロジェクト
　を行いたい）

そのうえで、現実（A）を明らかにしていきます。「❶学部・学科の選択理由」を考えるために、既知の領域（現実）を知るところから始めます。探究を繰り返し、いまわかっていること（知）を知り、現実を炙り出しながら、未知なことは何かを探っていきます。知のフロンティア（最先端）を見つける手続きです。

この手続きは、ビジョンを具体化するために必要です。**現実を知ることは、ビジョンを具体化する研究プロジェクト立案の源になる**からです。この手続きを通し、何を研究したいのか、言い換えれば「『知』を生み出すための問い」、見通しのない問いを明らかにしていきます。

ここで注意したいことがあります。そもそも探究はリニア（直線的）には進みません。特に、フロンティアに近づくほど、答えはすぐには出ないものです。イマイチなら振り出しに戻ってやり直しても構いません。その過程や失敗から学べることは数多くありますから、まずは行動してみましょう。

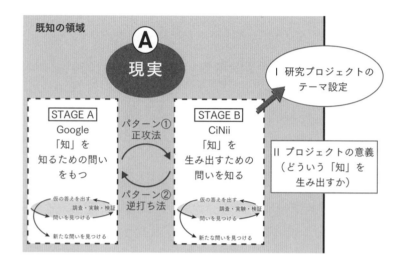

　この手続きをさらにくわしく述べてみます。

　探究の（とりあえずの）目的は、「フロンティアに立つこと」、研究プロジェクトのテーマ設定を行うことです。順当に進むなら、上の図に示す**STAGE Aから探究を重ね、STAGE Bに進み、研究テーマを決めます。これを「正攻法」と名付けることにします。**

　一方、フロンティアにできる限り早く近づく方法もあります。先行論文を読むことです。大学の先生方を含めた研究者は、フロンティアに立ち、研究をしています。研究者の仕事は論文を世に送り出し、知を広げることです。ということは、先行論文を読むと、フロンティアがわかるということです。これはネット検索で手軽に行えます。**いきなりSTAGE Bに立ち、研究テー**

マを定めつつ、追ってSTAGE Aに戻って知識を獲得しにいきます。こちらを「逆打ち法」と呼ぶことにします。ただし、論文は見慣れない単語や概念が示されていることも多く、都度調べ学習を重ねていく必要があります。

「正攻法」「逆打ち法」どちらで攻めてもかまいません。

❷ 大学の選択理由

Ⅲ このプロジェクトを実行するためには、こういう学問の修得や教育、環境や支援者が必要だ

Ⅳ 志望校では、このプロジェクトがこう実行できる（だから志望した）

　そのうえで、ビジョン（B）をどう実現するのか、という視点で大学での研究プロジェクトの計画を立てます。この時点で研究テーマ（「知」を生み出すための問い、見通しのない問い）を抱いているはずです。

　計画を立てるためには、「その問いを解くにはどういう学問や教育や環境や支援者が必要なのか」ということを整理しなければなりません。それが整って、ようやく履修・研究計画という形でプロジェクトの企画ができるわけです。

　頭の片隅では常に「最高善」「このプロジェクトを遂行すると、このようにみんなが幸せな未来がつくれるのだ」というビジョンを描きながら進めましょう。

18 | 探究キーワード

「気になること」を発散することから始めよう

　正攻法でも逆打ち法でも、志望理由を考えるときには、まず「気になること」を探すことから始めましょう。**興味・関心があるものの中で、「このことを学問の力で掘り下げたい」「大事にしたい」「長く続けたい」「好きだ」というキーワードを探し、それを手がかりにして探究していきます。**これを「探究キーワード」と名付けます。

　まず、いま自分が興味や関心のあることがらを3つほど書き出しましょう。この時点では、常識や大学で学ぶことをあまり意識せず、思いついた言葉を吐き出しましょう。イノベーション（135ページ）を起こすとき、意外なキーワードを組み合わせると面白いものです。「食べること」「RAP」「サッカー」「地域を盛り上げる」「文化祭」など、色々と書き出していきます。

発散と収束

　様々な選択肢をつくるために、思いついたことを吐き出す手続きを「発散」といいます。そして、その上で納得できる成果の方向を目指して選択したり、まとめたりする手続きを「収束」といいます。デザイン思考（デザイナーがデザイン業務で使う思考方法のプロセスを活用して、ビジネスなどにおける前例のない問題や未知の課題に対して最も相応しい解決を図るための思考法およびマインド）の基本です。

自分にとっての「探究キーワード」の意味を明らかにする

　そして、そのキーワードは自分にとってどういう意味をもつものなのか、思いつく限り言葉にしていきます。さらに探究キーワードの候補を生み出します。そのとき、自分はどういうことを大事にしていて（266ページに自己の価値観を見つけるページがありますので、気になる人は読んでください）、キーワードを追究するとどのように興味を満たせるのか、自分にとってそのキーワードにあたるものがどんな意味をもつのか、などと思考を巡らせてみましょう。

探究キーワードの広げ方

　人によっては、それをマインドマップで表現したり、付箋を使って書き出したりします。私ならLEGO®を用いてキーワードに関わる作品をつくってもらって、「これはなぜこういう色のブロックを使ったの？」「色々な形のブロックがあるのに、この形のものを使った意味をあえて与えるとしたら？」「このブロックの高さの意味は？」「この2つのブロックの距離を置いた意味は？」などと質問ワークをしながら言葉を引き出します。LEGO®の作品は色や形や距離や高さという要素で質問を投げかけられるので、質問のハードルが下がります。そのぶん、多くの言葉を引き出せるので、重宝しています。

ネガティブ要素でもよい

　ときにキーワードが出せない受験生がいます。「好きなことがない」「自分には何もできないし、力もない」「いままでがんばって取り組んできたことがない」などという高校生を多く見てきましたが、私にはそうは思えないことが多いのです。そんなとき、「心に引っかかるものはない？」と伝えます。

　つまり、探究キーワードはポジティブな言葉でなくてもよいのです。「気になること」なら何でもいい。これが嫌だ、とか、おかしい、といったネガティブな要素は、こういう未来をつくりたいと願う種になります。そして、その種を育てることは、自分の価値を自分で「つくる」ことにつながります。

　こうして自分の価値を見つけ、つくることは、自分自身の可能性に期待することでもあり、その行動はそれ自体尊敬されるべきことです。そうすると、志望理由や自分が生きようとする人生のあり方に対し、自信が出てきます。

19 | 探究キーワードをもとに
ストーリーを描く

過去の体験を振り返る

　今の自分にとって「気になること」が見つからないときは、過去の体験を思い起こすことから始めます。**昔好きだったこと、実際にやったことを思い出します。自分史を書くことも有効で**す。ただし、過去の体験を原体験であるかのように捉えると、自分自身にバイアスがかかってしまうおそれがあるので、注意してください（278ページ）。

　やるかやらないかはキミの価値観（266ページ）によって判断しているので、当時のキミの琴線に触れることがあったと考えられます。ただ、子どものころの自分は発達途中で、相互関係や他人の視点に立つことが難しく、自分中心で物事を捉えていたと考えられます。だから、成長した「今」の自分なら、当時の自分を俯瞰して捉えられるというわけです。

　そのときの判断に対して、今の自分が「意味付け」をしてみましょう。「あぁ、自分のCore Identity（266ページ）からすると、このときの判断はこういう意味があったのだな」などという具合に。それをもとに、「そのときの自分は、こういう未来をつくりたかったのだ」というような小さな物語（スモールストーリー）をつくります。そして、「その未来をどうすればつくれるのかなぁ」と、学問と結びつけながら大きな物語（ビッグストーリー）を考えるのです。88ページのA-Bモデルでいうならば、

ビジョンを言葉にする手続きを行っていきます。こうした意味付けの手続きは、キミの価値を生み出すことにつながります。

　過去のキミを振り返ってみて、「○○が好きだった」「○○に悩んだ」「○○が楽しかった」ということを見つめます。

　たとえば、「部活動が全然まとまらなかった」という体験をしたとき、「なぜうまくいかなかったんだろう」と探ってみてください。そうしたら、「『他者を気にかける』というアイデンティティが原因で、リーダーシップが取れなくて、部員が好き勝手に動いた」「だから、ちゃんとしたリーダーになりたい」というように、リーダーシップをテーマにストーリーが描けるかもしれない。組織のあり方に何か課題があったのかもしれない。そうすると、探究キーワードの片鱗が見えてきます。

　これを手がかりに、次のパートではこの考察を学問の世界で捉える手続きを踏みます。この例でいえば、経営学の組織論の視点で見つめられそうだ、という手がかりが得られました。

ピアジェの構成主義

　この手続きは、過去の体験や経験を自分の中に取り入れ（同化）、捉え直し、今の自分に適応させ（調節）、未来をつくろうと考えるという流れに沿っています。同化と調節を繰り返して、自分の価値観や今生きている環境の影響を受け、どんどん知識を構成し直し、新しく認識するものです。このような知識の獲得の理論を、ジャン・ピアジェは「構成主義」と名付けました。

　つまり、知識は外からただ注入されるのではなく、学習者の中で改めてつくり直されるということです。そして、社会の中での他者とのかかわり（話すこと、協力すること）によって、新しい知識を蓄えます。

20 | 探究キーワードに結びつく 学問を見つける

「探究キーワード×学問」

　大学は研究機関であり、学問を究める場だということは、すでに述べています。したがって、志望理由を考えるときには、「この学問を通して、こういう研究プロジェクトを実行したい」という筋にする必要があります。言い方をかえれば、**探究キーワードについて、どういう学問と結びつければよいのかを考えよう、「探究キーワード×学問」を見つけよう**ということです。前のパートでいえば「リーダーシップ×経営学・組織論」となります。

学問の探り方

　まずは、探究キーワードに結びつきそうな学問領域を探ります。わかりやすいのは学部・学科名についている学問の名前です。法学部なら「法学」、電気工学科なら「電気工学」で、たとえば「リーダーシップ×法学」「リーダーシップ×電気工学」といった具合です。前者だと「王権国家、自由権、参政権と思い浮かべれば、なんだかリーダーシップは結びつきそう」など、ストーリーが描けそうですね。後者はどうも描きにくそうだし、描いたとしても強引なストーリーになりそうです（ただし、イノベーションを起こそうと考えるなら、一考の余地はありそうです）。この手続きを通し、研究や探究プロジェクトのおおよその方向性を決めておくと、途中で迷走するリスクが低くなります。

　学問の内容が思い浮かばないならば、大学のパンフレットやホームページやオープンキャンパスでの調査、Google を使った学問の名前での検索が有効です。こういう調査に時間を惜しまないことが、志望理由書のクオリティを高めます。

その領域に身を浸すこと

　このように「探究キーワード×学問」をおおよそ定め、ストーリーの大枠をデザインするとよいでしょう。漠然と志望理由を考えるより枠をある程度決め、その領域に身を浸し、深掘りする準備をしましょう。その世界のことは、ほんの少し経験したり体験したりしても、本当のところはわかりません。じっくりと身を浸していかないと見えない世界はたくさんあります。

　長い間大事にしたい問いや課題意識を見つけるには、じっくりその世界を見つめるだけの手間と時間と感度のいいアンテナが必要です。ある程度の枠を決めておき（学部・学科名についている学問領域くらいの規模）、身を浸す領域をとりあえず限定しておくくらいがいいでしょう。もし「これは違う」と感じたら、別の学問領域に移ればいいだけです。

3 種類のアプローチ

　探究キーワードは、以下の学問の 3 領域でアプローチすることができます。同じワードでも、切り口を変えると、見え方が変わります。
①自然科学的アプローチ（分解、対象を要素ごとに分ける）
②社会科学的アプローチ（近似、対象と似ている要素を探す）
③人文科学的アプローチ（体験、対象を文脈で捉えたり、掘り下げたりする）

21 | D-OODAで探究する

D-OODAで探究する

「探究キーワード×学問」が決まり次第、どんどん深掘りしながら探究をします（22ページ）。探究する際、本書ではD-OODAというサイクルで行うことを推奨しています。

> D(Design) → O(Observe) → O(Orient)
> → D(Decide) → A(Act)

① D：計画をデザインする

まず、「Design」。大雑把に仮説を立ててください。「こんな答えが出るのでは」というところまで大雑把に出します。特に1カ月程度で志望理由を組み立てる場合は時間が足りないので、できる限り時間をかけないようにします。

② O：観察する

つぎに、現場に行き、観察をします。実際にフィールドワークに出かけるとか、プロジェクトを回していくとか、調べに行くことです（くわしくは、122ページ以降に記しています）。観察をしていく中で気づくことがあるはずです。現場に行ってはじめて得られるものがあります。

③ O：方向付けをする

そのうえで、この先どうするかの方向付けをします。実際に

観察している世界の中で、自分はどう動くべきなのかを考える
フェーズです。

④D：決心する

そして、決心します。「この方向だったら大丈夫そうだ」と
いうことがわかったので、多少ブレがあるかもしれませんが、
意思決定をします。

⑤A：行動する

意思決定ができたら、実際に行動しましょう。行動していく
と、仮説の良し悪しがわかり、実際のところが見えてきます。

探究で大切なのは、いかにたくさんサイクルを回していくか
です。回すほど、様々な気づきを得られます。この手続きの中
で、「最初の仮説が違った」ということがあり、「なんでそうい
うことが起こったのか」という新たな問いが生まれ、どんどん
サイクルを回していくことができるのです。

PDCAとD-OODA

　よくPDCA（Plan[計画]-Do[実行]-Check[評価]-Action[改善]）サイクルを推奨するケー
スがありますが、計画に時間をかけすぎたり、評価軸をつくるのに手間がかかったりします。
ですから、短期間で計画を見直すスタイルに合うD-OODAをお勧めしています。

22 | 正攻法その1 「探究キーワード×学問」をもとに 問いを立てる

問い立ての素早さと質が勝負

　D-OODAの最初となるD（計画をデザインする）を探究（22ペー ジ）と擦り合わせると、まず「問いを見つけること」が最優先 の事項となります。D-OODAを高速回転するには、問いをい かに素早く見つけるか、質を高めるかが勝負の分かれ目です。 よい問いを立てることはよい探究をもたらします。

問いのつくりかた

　問いをつくるときは、「探究キーワード×学問」を軸に、疑 問文をつくるのが一般的です。what（○○とは何か）、why（なぜ○ ○か）、which（AかBか）、how（○○する方法はどういうものか） など が代表例です。探究キーワードを見つけるときに発散した内容 を思い浮かべながら、関連しそうな問いを出していきます。調 べ学習の成果やもっている知識、目指そうとしている学問につ いての情報があると、問いの内容も深めやすくなります。たと えば「ヒトの最大個体記録はどのくらいか」という問いを、調 べ学習した上で、「3メートルを超す巨大なヒトがいないのは なぜか」という問いを立てたり、「ヒトにはどういう心の動き があるのか」という問いを「ヒト以外には心があるのか」と視 点を変えたりしても面白いです。細かすぎる問いでも、「そも そも」という本質に近づく問いでもかまいません。その際、言

葉の粒度に気をつけましょう。粒が大きく曖昧な言葉よりも、粒が細かく具体的な言葉のほうが一般的には解きやすい問いになります。

仮説を立てる

　このように問いを立て、その上で仮説を立てます。**「この問いなら、こういう答えになりそうだ」と仮説を立てて、その仮説が正しいかどうかについて調査します。**多くの場合、最初の問いはGoogleで調べたり、図書館に行ったりすればわかるものです。場合によっては、調査や実験をしながら、試行錯誤していく人もいます。その試行錯誤で、何かしらの解答が出てきます。この解から、新しい世界が見えてきます。また新たな問いが生まれ、仮説を立て、試行錯誤し、そしてまた一時的な解を出す。これを繰り返していくのが探究です。

問いをつくるワーク

　私はこのとき、QFT（Question Formulation Technique）という方法を用いて、問いづくりのワークをすることが多いです。最近ではLEGO®で探究キーワードに関わる作品をつくってもらい、質問を投げかけることもあります。

問いづくりのショートカット

　志望理由書のストーリーに沿った問い立てをして、効率化を図ることもできます。具体的には、まず、「これって何？」（What）からスタートする。この問いで、その世界を覗こうとするわけです。段階が上がっていくと、「それはなぜか？」（Why）の問いになり、「どうすればいいの？」（How）「具体的に何をやるの？」（What）と問いが変化します。ここを順序良く、丁寧に問い立てしていくといい場合があります。ただ、時間があるなら、こうした制限をかけることなく、思うままに問いを発散するほうがよいと感じています。意外な気づきが得られたり、面白い問いが見つかったりするものです。

23 | 正攻法その2 問いを磨く

研究にはリサーチクエスチョンが必要となる

20ページで「大きな問い（問題）」と「小さな問い（課題）」について論じました。これらを起点に、研究の方法をまとめます。まずは**リサーチクエスチョン**とは何かを整理します。研究の手続きは、おおよそ以下の通りです。

研究の手続き

❶ リサーチクエスチョン（小さな問い）を立てる

❷ リサーチクエスチョン（小さな問い）をもとに、仮説を立てる

❸ 仮説が正しいか、妥当性があるのかを実査・実験によって検討する

❹ ❸をもとに理論を構築・修正する

この手続きの中でまず起点になるのが、**リサーチクエスチョン**（小さな問い）です。リサーチクエスチョンには、要件があります。

❶ 疑問形になっていること

例：

なぜ△△は○○なのか。（根拠：why）

（そもそも）○○とは何か。（定義：what）

どうすれば○○できるか。（方法：how）

❷ **この世界で未解明であること**

❸ **そもそも問う意義があること**（リサーチの目的・意義があること、大きな問い（問題）が明確であること）

❹ **リサーチを通して答えが出ること**（答えが出ない問いは研究対象にはならない）

　ここで特筆すべきは❷です。**これは、「『自分の中で』未解明」ということではありません。**自分の中で解明できていないのなら、調べ学習を徹底的に行えばよいだけです。こうした調べ学習の際に先行して研究している論文を探ることを**先行研究の調査**といいます。

明快なリサーチクエスチョンを心がけよう

　リサーチクエスチョンを立てようとして、問いは立てられても、その問いを解こうとすると身動きが取れなくなることがよくあるものです。例えば、研究論文を探そうとしてもなかなか見つけられない、この先の研究をどう進めていけばよいのかわからないなどが考えられます。そういうときは、リサーチクエスチョンに具体性がないことが考えられます。つまり、検証しようにも具体的な対象がわからないからできないし、先行研究は具体的な対象をもとに研究しているから、曖昧なままのワードでは検索できないということです。

ですから、リサーチクエスチョンを立てるときは、「**いつ**」「**ど こで**」「**誰が**」「**何を**」「**どうやって**」「**どうするか**」を**明確**にし てみましょう。その際、実験やフィールドワークができるくら い、**具体性**を持たせましょう。固有名詞や対象を明確にするこ とが大切です。

　なお、大学側から事前にテーマが課されることがありますの で、その場合はテーマに関わるリサーチクエスチョンを立てる ことになります。その場合、そのテーマをキーワードにしてリ サーチクエスチョンを立てることも考えられますし、そのテー マに関係するキーワードをあたるのもよいでしょう。

　例　大学から「探究」に関わるプレゼンテーションを課さ れたと仮定する。

　（修正前）人々が探究し続けられるのはなぜか。
　（「探究」といえば「総合的な探究の時間」を思い浮かべる。高校 での探究は「自己のあり方、生き方」を考えるという話があるが、 どうもその様子が実感できない。先行研究論文自体も現状見当た らない。「自己」、つまり人間は認知（あたま）・情動（こころ）・ 行動（からだ）で構成・統合されているから、その動きを追うと 見えてくるかも、と発想した。）

　→（修正後）高校での総合的な探究の時間が、自己のあり方や生 き方にどう影響を与えるのか。○○高校の生徒5人の探究の様子 を半年間観察し、認知と情動と行動の変遷を記述する。

体感したときのズレに敏感になる

　問いは、**ズレ**から始まるものです。今まで積み重ねてきた経験や内なる言葉と、目の前の現象を照らし合わせ、**違和感**を覚え、「これは何か違う、何かがおかしい（理想はこうなのに、現実はズレている）」「なぜできないんだろう（理想に近づきたいのに、現実はできない）」「なぜこうなるんだろう（理想はそのメカニズムを理解できる状態になりたいのに、現実はそうではない）」という問いを持ち始めます。

ズレの根拠を学術に求める

　そのズレを感じる理由は何なのか、つまり問いに対する答えを求めようとします。研究であれば**学術にその根拠を求めます。**そうなると、おおよそ3つの行動をすると思われます。

❶ **調査**

❷ **問いの発生**

❸ **（問いに対する）仮説立案**

　❶❷❸のいずれを先にやってもよいのですが、実際には**三者を行き来しながらリサーチクエスチョンを洗練させていくもの**だと思います。問いがあり、仮説を立て、調査をするにしたがって、色々わかってきて、その度に新たな問いが浮かび、それをもとにリサーチクエスチョンを改めて立て、また仮説を立てる、といったことが続くということです。多くはこの往復を進めて

いくにしたがって、得られる情報は増えていきますので、リサーチクエスチョンも詳細になっていきます。研究や探究の手続きは一方通行ではなく、思う通りに進まないことも多いものです。

情報収集の際は情報源の確かさに注意する

いずれの選択をしても、まずはインターネットで調べ学習を始めるという方法を選ぶことが多いと思います。具体的には、問いに関わるキーワードをもとにしてインターネットで調べ、答えを求めることになります。

ここで注意したいのは、調べ学習の**情報源の確かさに注意する**必要があることです。怪しげなネット記事やSNSで仕入れた情報が正しいかどうかを徹底的に検証しなければなりません（ネット記事やSNSを鵜呑みにしないで、批判的に読みましょうということです）。専門書、学術書、研究論文といった**第三者のチェックがなされている文献に触れる**ように意識しましょう。

自分が無知であることに愕然としない

しかしながら、調べ学習を進めるにつれて、自分が知らないことであっても、先人たち（研究者）がすでに解き明かしていることに気づき、愕然とするかもしれません。私もそう感じることばかりです。高校生の研究・探究活動に伴走しながら、一緒に知識を得ようと、論文を読んだり、書籍を読んだりしますが、「こんなことも知らなかったのか」とこの歳になってガックリするわけです。

　でも、それは誰もがそうなのだと思います。自分が知っている世界はほんの小さな小さなものです。**新たな世界を知ることを喜びに変えたいものです**。私もそう捉えられるように、意識しながら生きています。

研究者たちも未知のことがある

　そして、それは研究者、先人たちも同様です。**わからないことがあるから研究をし続けるし、それを原動力として生きています**。それでも、それまでの成果を論文等で世に残し続けています。

　そして、**論文等の中で「ここまでわかった、これ以上はわからない」とメッセージを残しています**。そのバトンを引き継ぎ、それを手がかりにリサーチクエスチョンを立てていくこともあり得ます。

24 | 正攻法その3 「知」を知ることから、 生み出す問いへ

多くの問いは、すでに誰かが解いている

23ページでは、問いには次の2種類があると述べました。

□ 「知」を知るための問い
□ 「知」を生み出すための問い

おそらく最初のうちは、「『知』を知るための問い」になりがちです。そうすると、探究のサイクルを回す間に、問いをどのように立てたらいいのか見えなくなってしまうことがあります。

そういうときの多くは、「すでにそういうことは誰かがやっていて、調べれば容易にその結果がわかる」というものです。

大体、**私たちがすぐに思いつくような問いは、すでに誰かが思いついていて、誰かがその謎を解き明かしているものなの**です。

誰もが思いつく問いを調べ上げることには、意味がある

でも、その過程は決して無駄にはなりません。積み重ねることによって、様々な経験や知識を得られます。メタルーブリック（70ページ）でいえば、知識・理解思考や分析・論理思考を養う経験をしたと捉えればいいわけです。問いに真正面から取り組む前はそういう知識ももたなかったわけですから、ここま

でやることで大きな成長を遂げています。「知」を身につける段階（既知の領域）の問いに寄り添えば、必ず成長の糧になります。

「知」を生み出すための問いを探る

「知」を知るための問いを探っていくと、その過程で「これはまだ見つかっていない」「こういう問題や課題は解決されていない」というものに気づく瞬間が訪れます。このときをじっくりと待ち構えると、見通しのない問いが見つかります。これが「『知』を生み出すための問い」にたどり着いた証拠です。ここに到達したかどうか、オープンキャンパスで専門家である大学の先生に探究の過程を伝えて判断してもらうとよいでしょう。

「知」を生み出すための問いをもつと、心がモヤモヤする

「『知』を知るための問い」を解くとスッキリします。けれど、「『知』を生み出すための問い」をもつと、モヤモヤ感を抱くはずです。というのも、わからないことですから。

だから、このモヤモヤする感覚が最後に残るような形になるのが理想なのです。「わかんないよ」とか「こんなの答え出てないよ」という状況で志望理由を書ければ（調べきれば、という前提ですが）、たぶん最先端、フロンティアに到達しているものです。これが志望理由書の良し悪しを判断する一つの基準になります。

25 正攻法その4
フロンティアにたどり着く方法

内容の深度は総じて「ウェブ→書籍→論文」

「知」を生み出すための問いを見つけるためには、既知と未知の境目、最先端(フロンティア)を探しにいかなければなりません。そのためには、「知」を得ることしか方法はありません。それらを得る手段によって、内容の深さや信憑性に差が出がちです。

おおよそ、Google検索よりも専門的な書籍、それよりも研究者が書いた論文のほうが、内容はディープです。

文献調査(書籍や先行論文を読むこと)が必須

ということは、「『知』を生み出すための問い」を探るには先行研究を知ることが大切です。書籍や論文、特に先行論文を読むと、スムーズに進められます。

そもそも書籍や論文を書くことが研究者の仕事です。研究者は最先端の領域にいて、「知」を生み出すことが仕事ですから、特に最近書かれた論文に記されているものがあったら、その先を見つめることが最先端だということです。

この論文の調査をするときに使うのが、CiNii(サイニィ)とGoogle Scholar(グーグル・スカラー)という、論文を検索できるサイトです。「探究キーワード」「学問」をもとに、論文検索をし、先行論文を探ります。そして、比較的新しい論文のリスト

や論文そのものを読みます。すぐに検索結果が出ないこともあるので、そのときはキーワードを変えながら、検索を続けます。キーワードの抽象度を上げたり、キーワードの粒度を細かくしたり、キーワードの要素を分解したりするとよいでしょう。

　もしキミが追いかけている「探究キーワード×学問」で検索したときに、そのキーワードでは論文が出ませんという場合には、最先端の可能性があります。

　すでに自分が追いたいテーマで論文が書かれているとしても、愕然とする必要はありません。論文にはどういうことがわかったのか、何がわからないから継続調査するのか、ということが整理されています。それをもとに「『知』を生み出すための問い（研究テーマ、見通しのない問い）」を導けばいいのです。

論文のデータベースを活用しよう

　特に研究活動が要求されているときは、**先行研究を調べることが大事**です。論文を有効活用するには、論文のデータベースを活用しましょう。キミが研究したいことに関わるキーワードを検索し、論文を読みこなしてみましょう。

　論文の検索サイトの例として国立情報学研究所の「CiNii Research」を紹介します。日本語の論文や雑誌記事等に加え、研究データや書籍、博士論文、プロジェクトなどを検索することができます。くわしい検索方法はインターネットで調べるとウェブサイトがたくさんありますし、動画等でも紹介されていますので、ここでは最低限の使い方を示します。

（参照　https://cir.nii.ac.jp/ja/articles）

　検索したいキーワードを検索窓に入れ、「論文」タブを選び、検索ボタンをクリックします。「研究データ」「本」「博士論文」「プロジェクト」を選ぶこともできます。

　検索をすると、何も設定をしていなければ、新しい順に論文のリストが示されます。プルダウンメニューで、出版年の新しい順、古い順を選んだり、引用件数が多い順に並べたりすることもできます。特に引用件数が多い論文は、多くの研究者がその論文の考察を起点にしている重要なものだということを示すので、ぜひ目を通してみてください。

　論文名をクリックすると、掲載されている冊子名や出版社が示されますので、それを手がかりに図書館等へ閲覧しにいきます。

　インターネット上で本文がPDFで公開されている論文の場合は、論文タイトルの左下にオレンジ色のアイコンが出現します。例えば「機関リポジトリ」などと示されます。ここをクリックすると、該当する論文の掲載サイトに遷移します。そのサイトにPDFのデータがありますので、クリックしてダウンロードすれば読むことができます。ただし、閲覧が有料のものもあるので注意してください。

Project-Baced Learning in APU's New Science English Course
Nagahashi, Terri L. 秋田県立大学総合科学研究彙報 = Akita Prefectural University RECCS bulletin 17 53-64, 2016-03-31

機関リポジトリ　CiNii

　CiNii Researchは検索機能が充実していることが特徴です。データ種別（研究データ、論文、本、博士論文、プロジェクト）、本文・本体へのリンク、資源種別（紀要論文、学術雑誌論文、記事、会議

発表資料）、期間、言語種別、データソース種別など、使いこなすと先行研究論文を素早く探すことができるようになります。

　海外の論文を読みたい場合はGoogle Scholar（https://scholar.google.co.jp/）、生物・医学系ならPLOS（https://www.plos.org/）やPubMed（https://www.ncbi.nlm.nih.gov/pubmed）を活用してもよいですね。

論文の構成はおおよそ決まっている

　探した論文を実際にどう読めばいいのか、ということを紹介しようと思います。そのためには**論文の典型的な構成**を理解しておくとよいでしょう。

　論文は、おおよそ「**なぜリサーチクエスチョンを立てたのか（❶）**」「**どういう実査・実験を行ったのか（❷）**」「**実査・実験からどういう結果が導けたのか（❸）**」「**その結果から何が導けたのか（❹）**」「**今後の課題は何か（❺）**」というストーリーで示されています。

> ### 論文の典型的な構成
>
> ①はじめに
> ・研究が求められている背景や目的
> ・関連する先行研究へのクリティーク
> ・それを踏まえたリサーチクエスチョンの設定
> ②研究対象と方法

③結果と分析

④考察

　・結果と文献を参考に導かれる主張や論理の記述

　・自分の研究結果と先行研究の比較検討

　・先行研究どうしの比較（相違・類似）

⑤結論

　・研究結果から導かれた結果の記述

　・今後の研究課題

ということは、リサーチクエスチョン（104ページ）を立てる際には**❺を参考にすると、「先行研究をした研究者はこういう課題を抱いていた」ということを起点にできる**ということです。

自分の研究が社会にどういう影響をもたらすのか、求められる背景は何かを探りたければ、❶を読むことになります。類似の論文を読むと、その課題観や研究者の目の付け所から学ぶところが大きいでしょう。

自分が想定する研究手法について検討したいなら❸❹が参考になります。これは学部・学科、研究室の選択にも役立ちますし、研究者に協力を依頼するときにも参考になります。指導する先生方は研究手法に得意不得意や特性があるということです。

論文の種類を把握すると研究活動に活用できる

　論文にも種類があります。それぞれ特性があるので、その内容を理解すると、上手に活用することができます。

論文の種類

❶ 研究論文

実証的または理論的研究の成果として、オリジナリティを有する論文。これが一般的に「論文」と言われるものです。おそらく最も多く出会う論文になります。

❷ 総説・レビュー論文

あるトピックに関する複数の文献をもとに、過去の文脈や経緯を整理したり、文献どうしの比較をしたり、評価を加えたりして、著者のオリジナルな思考や見方を提示したものです。こういう論文に出会えると、たくさんの論文の全体像を一気に俯瞰できます。

❸ 実践報告

新規性のある取り組みやフィールドでの実践などを報告する論文です。実査・実験の様子のみを報告するものだと理解してくれれば大丈夫です。

.

探 究 の ショ ー ト カ ッ ト

　探究の手続きは、ものすごく時間がかかるように見えると思います。もちろん、時間があるのであれば、じっくり時間をかけてほしいです。試行錯誤を経て、自分が成長するストーリーを描くことが、志を高める秘訣でもあります。

　ただ、時間がない場合のための方法もあります。一つは、書籍を読むまでのフェーズをできる限り短縮すること。そのためには、自分がわかっている領域に触れることです。たとえば、志望理由で人権の話をする場合、政治・経済の知識が使えるわけです。そうすると、日本国憲法や市民革命以降の人権思想の展開がわかっているはずなので、書籍で調べる段階までカットできます。志望理由を考えるときに「好きなことやわかることをやれ」と言われるのは、探究の最初の段階を短縮できるからです。

26 | 逆打ち法
知のフロンティアから探る

論文検索サイトを活用してショートカット

一方、私が指導するとき、探究の時間短縮のため、先行論文をいきなり読むという「逆打ち法」をとることがあります。「探究キーワード」と「学問」をもとに、CiNiiやGoogle Scholarで論文検索します。そうすると、これらのキーワードに関わる論文のリストを手に入れることができます。英語の文章が読めると、世界の最先端の研究を知ることができます。それを起点に「知」を生み出すための問い（研究テーマ）を定めます。

知識をあとから獲得してもいい

ただ、最先端の論文を読むことになりますから、相応の知識や概念を知らないと読み解けないことがあります。わからない事柄があったら、Googleや書籍を使って、調べ学習を重ねて行いましょう。多くはWikipedia（誰でも編集できるフリー百科事典）でまとめられているので、概要を知ることができます。また、Wikipediaにはその項目を書くために用いた出典が示されていますので、該当する書籍や記事を読んでいきます。

こうした過程で、様々な知識を得ることができます。また、出典を調べると、進学先でどういう知を得るのか（どういう授業を受けて「知」を深めるのか）、どういう研究室やゼミナールで研究を進めていくべきなのかがわかります。

　本書のタイトル通り「ゼロから 1 カ月」で対策するのであれば、逆打ち法で時間短縮することになります。ただし、その場合は探究のために時間をかけて行動することができません。その履歴を問われた場合は入試で不利になるリスクが伴うことを承知しておいてください。

どの学部・学科に進むべきか迷うとき

　学問を絞り込んでいない状態、つまり学部・学科が決まっていないときは、「探究キーワード」だけで論文検索してもいいでしょう。論文をリストアップしたら、その論文が掲載されている書籍のタイトルをチェックします（このとき、CiNii ならば「本文リンクあり」で検索すると、ウェブで読める論文だけが検索されるので便利です）。論文の多くは学会誌のタイトル（たとえば『日本〇〇学会論文誌』など）が載っていますから、その学問領域で行われている研究がわかります。

　これを参考にして、その学問領域を研究できる学部・学科を検索してみましょう。Google で「〇〇学」「学部」「学科」「大学」などと検索すれば、どういう学部・学科で学べるかが探れます。こうして調べた材料をもとに、どの学問領域が自分にとって興味深いか、考えていくとよいでしょう。

27 | 先行論文の「先」へ

定性的調査と定量的調査

　研究の際に大事になるのは、実査・実験の方法を検討することです。調査ともいいます。その種類にはおおよそ2種類あります。

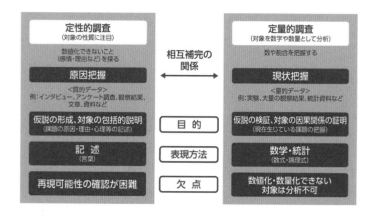

❶ 定性的調査

　対象の**性質に注目した調査**のことを指します。**数値化できないこと**を探ります。ある事柄の原因を把握するために、その手続きを記述することが目的となります。その背景にあるシステムやメンタリティ（課題の原因・理由・心理等の記述）を探り、言語化します。

　質的なデータを集めることになりますから、例えばインタ

ビューやアンケート調査、文章、資料などがその材料となります。

　定性的な調査の目的は、仮説を形成したり、対象を取り巻くシステムやメンタリティをひっくるめて説明したりすることにあります。

　ただし、**再現可能性の確認が難しい**という欠点を持ちます。

❷ 定量的調査

　対象を**数字**や**数量として分析する調査**のことです。現状を把握するために、その数や割合を把握することを目的とします。数学や統計、数式や論理式等で表現することになります。

　量的なデータを集めることになりますので、実験や観察による大量の結果や統計資料がその材料となります。

　定量的な調査の目的は、現在生じている課題を把握し、仮説を検証したり、対象の因果関係を証明したりすることにあります。ただし、**数値化・数量化できない対象は分析できない**という欠点があります。

　定性的調査・定量的調査それぞれに欠点がありますが、**相互に補完しあう関係**にあります。

データを収集する手法はさまざまある

　データを集める方法は色々あります。研究の内容ごとにふさわしい方法があります。ここではほんの一例を紹介しますが、ほかにも手法は数多くあります。

文献調査

　文章や論文に記されている事実・史実をもとに、解釈し、仮説を検証します。文学作品や歴史学の研究は文献調査を軸とすることが多いですが、その他の学術研究全般においてもこの方法で情報収集することになります。先行研究調査（105ページ）も文献調査にあたります。

アンケート

　質問調査のことを指します。質問紙やフォームを用います。

　選択式のアンケートでは定量的調査を行うことができます。その際は調査する人が質問の話題について明確に理解し、その質問がテーマにどう関係しているのかを把握しておく必要があります。なお、信頼性の高い調査をする場合には要件が必要です。

・多数の参加者が確保できるとき（例えば1000人以上）
・経時的に繰り返し調査して数や量の変化を追うことができるとき
・返される答えが限られているとき
・定性的調査を行い、優秀な選択肢を得ることができたとき

　自由回答式のアンケートも可能です。定性的調査を行うにはよいでしょう。調査する人が質問に関する話題についてあまり

よく知らない場合、その内容を理解したり、洞察を得たりする機会となります。ただし、回答で得られた情報の整理をする手間が大幅に増えますので、少人数の調査に向いています。

インタビュー

観察するだけでは捉えることが難しい情報を、**当事者と会話をすることによって得る方法**です。過去に起こった事柄について尋ねることもできます。質問をあらかじめ決めておくインタビュー(構造化インタビュー)、質問を決めずに対話を通して記録を取るインタビュー(非構造化インタビュー)、それらのハイブリッド（半構造化インタビュー）などがあります。

フィールドワーク

研究対象となっている当事者たちと生活をともにしたり、対話したりする方法です。インタビューのように調査者の質問に対して回答者が答えを伝達するという方法ではなく、互いに協働して情報をつくり出してその過程を捉える方法（アクティブ・インタビュー）、調査者が現場の人々と知を分かち合いながら能動的に行動する試みを記述する方法（アクション・リサーチ）、複数の調査者がフィールドワークに携わる方法（チーム・エスノグラフィー）などがあります。

観察

対象を詳細に見て、特徴等を導き出すことを指します。実験

とは異なり、対象に操作を加えないのが原則です（ただし、固定や染色をして、見えない部分を見えるようにする操作はあり得ます）。観察にも定量的なもの（観測・測定）と、定性的なものがあります。ただし、観察には先入観や主観が含まれるし、そもそも「客観的な観察はできるのか」という問題があることにも留意したいところです。

実験

　仮説や理論が当てはまるかを確認したり、新たな理論を構築したりするときに、**対象に操作を加えることで生じる変化を調べて、結論を出す一連の方法**のことです。ある要件だけを変えてそれ以外の条件を同じにする実験（対照実験）の他、思考実験や計算機実験（計算機によるシミュレーション）のように、実際に実験ができないものについて架空で実験をしてみるもの（仮想実験）などがあります。

　なお、ある実験結果が正しいかどうかを第三者が確かめることを追試といいますが、追試だけでは新たな知を生み出すとは言い難いので、例えば実験の精度を高めたり、新たな理論を生み出したのちに追試を行ったりすることがあります。

データの集計・統計・分析・検定・解釈の方法は研究領域によって異なる

　データの取り扱いに関わる用語として「集計」「統計」「分析」「検定」「解釈」というものがあります。具体的には数学の確率・

統計の領域にくわしいので、積極的に文献やウェブで情報に当たってみてください。

集計

数を集めて合計し、結果を見やすくまとめること。なお、数値だけを並べたものをローデータといい、集計の素材として取り扱われます。

統計

集計をもとに、数量的な傾向や特性を見出すこと。

分析

集計をもとに、数値を比較検討し、その原因を探るために、仮説を立てて検証すること。

検定

最初に仮説を立て、実際に起こった結果を確率的に検証し、結論を導くこと。結論を導くには背理法（最初に仮説を設定し、その仮説が誤っているとすると現実と矛盾する場合、仮説が正しいと判断すること）を用います。

検定は確率をもとに判断を行うので、結論が絶対正しいということはできません。また、基準は実験や実査を行う前に決めておく必要があります。

統計的検定、例えば t 検定（あるサンプルデータが母平均と比較してずれているかを検定する）、カイ二乗検定（分布の乖離の度合いを測る）、F 検定（母分散が正しいかを確認する）などがあります。さまざまな検定があるので、調べてみてください。

解釈

データの意味を、受け手の視点で理解したり説明したりすること。個人的・恣意的な理解を含みます。

統計・検定は定量的調査を中心とする研究で用いますが、定性的調査の場合は必ずしも用いるわけではなく、学問領域によって取り扱いが変わります。データの取り扱いについては、それぞれの学問領域やリサーチの方法によって異なるということです。ですから、**自分自身の研究領域でデータがどう集計・統計・分析・検定・解釈がなされているのかを調べてみてください**。最も参考になるのは、先行研究論文です。

実 験 の ショ ー ト カ ッ ト

　理想的には総当たり回数分の実験を行うことが必要です。しかし、組み合わせの条件が多い場合は実験回数が増えてしまいます。こういうときに、実験計画をしっかりと立てることが大事です。試験回数の削減とともに、データの解析によって確率がわかります。

　まずは、実験条件をいくつか定めて実験を行うことから始めます。その結果（サンプル）を抽象化（単純化）して、数式（モデル）に表します。数式があると、それぞれの量を変えるだけでシミュレーションでき、実験の回数を減らすことができます。その後、シミュレーションの結果がよい実験条件で実験をしていきます。

　ただし、計算が必要なことと、最良の組み合わせがわかりにくいというデメリットもあります。残された時間を鑑み、よりよい選択をしてください。

分 析 の 流 れ

　分析する際、一般的に以下の手続きを踏んでいくことになります。
　① 目的を明確にする（どういう原因や背景を解明したいのか、どういう手段を発見したいのか）
　② 枠組みを決める（どこまでを範囲にするか、要素をどう分けるのか）
　③ 枠組みに沿って情報・データ収集を行う
　④ 情報・データを分析・観察する
　⑤ 問いに対する答えを出す

分 析 の た め の 視 点

　事実とその関係性を探るために必要な視点を以下にまとめましたので、参考にしてください。今まで見えなかったことが、炙り出されるかもしれません。
　① 分ける（複雑な要素を分解する）
　② 比較する（量や質を比べる）
　③ 関係を捉える（独立しているか、相関関係があるか、因果関係があるか）
　④ ばらつきを捉える（平均だけでなく、データのばらつきに注目する）
　⑤ プロセスを追う（物事を成立させるためのプロセスをさかのぼり、原因を探る）
　⑥ 時系列を追う（一方向に変化するか、周期性があるか、不規則か）
　⑦ 組み合わせる（いくつかの視点を組み合わせて、多面的に分析する）
　⑧ 構造化する（物事を成り立たせる要素どうしの関係を、たとえばツリー状に表現して把握する）

調査のあとにすべきこと　プロトタイプをつくる

　何かしらのプロジェクト、たとえば、ものづくりやイベントなどを行っているときは、試作品（プロトタイプ）をつくり、他者に触ってもらいながら、「知」を生み出すための問いを探るといいでしょう。また、その過程でアイデアが湧いてくることが多いものです。なお、「知」を生み出すための問いが出るポイントは「失敗」「違和感」に隠れていることが多いものです。

プロトタイプの重要性 ────────────────────

　実際にプロトタイプをつくるとき、ものをつくる流れ（デザインプロセス）を考えることになります。たとえば、アプリをつくるときには、「ホーム画面のこのボタンを押すと、このページに遷移する」などと考えていきます。ユーザーがよりよい体験をすることを想定して考えることができるので、質を高められます。

　また、他者にビジョンを素早く伝え、共有することができます。文章や口頭で伝えるよりも、効率的に伝えられます。加えて、開発者が技術的な可能性を試すこともできます。簡単に言えば、安く、小さく失敗ができるということです。

　本書ではD-OODA（100ページ）を紹介していますが、まさにプロトタイプをつくり、高速回転で修正し続けることを指しています。

氷山モデルの活用

　課題や問題は、すぐには解決できません。というのも、物事は複雑に絡み合っていて、見えているのは、実は表面でしかないからです。つまり私たちが捉えている世界は、実は表面のほんの一部でしかないのです。

　では、どういうふうにそれを考えていけばいいのか。その手続きを知ることが大事です。私のクラスでは、文献調査や社会調査を行うとき、情報収集から分析までの枠組みとして、「氷山モデル」というツールを用いています。現状を俯瞰的に把握する際に重宝しますので、ご紹介します。

複雑な世界への立ち向かい方

　世の中で起こっていることは複雑で、見えているものは表面的なものばかりです。「知」を生み出すための問いを探るならば、「**どれだけ深く物事を捉えているのか**（問いが生まれる要因や背景や価値観を探る）」「**様々な領域から物事を捉えているのか**（多面的に思考する）」という2軸で思考しましょう。

氷山モデルで掘り下げる

　深くて広い思考をするための方法として、「氷山モデル」を紹介します。氷山モデルというのは、表面的に見えるものをどれだけ深く掘り下げるのか、という指標だと考えてください。もともとはビジネスの世界で使われているものですが、志望理

由でも分析（129ページ）の視点をもつ際に役立ちます。

行動パターンを探す

　まず、起きている事柄がもつ、共通するパターンを探ります。パターンを見抜くには、複数の事柄を見ていくことになります。

　たとえば部活動でリーダーシップをとったときに失敗したという体験があるのならば、リーダーシップをとった複数の事例を集めます。そこから、なぜ失敗したのかを分析するわけです。

構造的な問題を探す

　次に、そのパターンを起こす、構造的な問題を考えます。構造は、どれぐらい広い領域で見ていくのかが大切です。よくしがちなのは、たとえば、友だちとのことや、実験の結果だけといった近い問題しか見ないことです。では、それを少し広い視野で見ていくにはどうすればいいでしょうか。

　広い視野で構造の全体像を見ていくには、PESTという枠組みが便利です。これもビジネスの分野の「PEST分析」という枠組みをもとにしたものです。P、E、S、Tを1個ずつ解き明かし

ながら、この領域で見ていくことを説明します。

　まず、P は Politics。法や政治がその自分の行動を規制し、問題を起こしている要因ではないか、という視点です。つぎの E は、Economy。経営や経済の視点です。S は Society。社会的な構造や文化の問題を考える視点です。T は Technology。科学や技術に関わる視点です。また、99 ページのように「自然科学」「社会科学」「人文科学」の 3 つから対象にアプローチする方法も考えられます。

価値観の違いを考える

　パターンを見つけたその次は、その構造になってしまうのはなぜだろう、ということを考えてみましょう。人の行動は、何かしらの価値観、哲学や思想などに左右されています。だから、物事を深く分析するためには、「その行動を起こした価値観は何なのか」まで踏み込んでほしいのです。

多面的に深く分析すると見えてくる世界がある

　志望理由を語るときには、このように、深くその物事の全体像を見ていくことが大切です。「氷山モデル」の図（132 ページ）でいえば、水平面で語っていたものを、垂直面で語っていく、ということになります。つまり、行動パターン、構造、価値観、というように垂直に見ていく。

　このように探究をしていくと、「この志をどうにか達成したい。そのためにフロンティアに立って、学問の力を使いながら

解き明かしたい」というように、だんだんと自分が研究したいものが見えてきます。

探究すると、問いが自分事になる

このように探究の手続きを続けていくと、「この研究ってとても重要に感じる」とか、「これから未来をつくるときに問題になるから、研究を進めていくときに変えなければならない」という気持ちが高まってくることでしょう。この様子を「情熱を育む」と表現することにします（205ページ）。

その中で、「何のために自分は存在しているのか？」「大学に行き、学びを得て、それを専門領域としながら、未来をつくっていく。その存在、自分の存在って何なの？」ということを考えることになります。

その結果、「自分はこのために存在するのだ」と自覚できれば、自分に軸ができ、これから歩んでいく道というのがなんとなく見えてくる。そこまでくると、「大学でこれを研究したい」「こういう学びの環境が欲しい」ということがわかってくるのです。こうやって、学びや問いが自分事になっていきます。こういう探究は、キミだけでなく、世界の仲間たちが救われますよね。事実とその関係性を探るために必要な視点を次のパートにまとめましたので、参考にしてください。今まで見えなかったことが、炙り出されるかもしれません。

イノベーションの起こし方

　志望理由において、独自性を求めたくなることがあります。そのとき、イノベーション（innovation）の起こし方が参考になるかもしれません。

　そもそもイノベーションとは、社会に衝撃や変化をもたらす「革新」「新機軸」という意味です。もともと1912年にオーストリアの経済学者であるヨーゼフ・シュンペーター氏が『経済発展の理論』で提唱した経済理論の一つです。彼はイノベーションのことを「新結合」、経済活動の中で生産手段や資源、労働力などを、それまでとは異なる仕方で組み合わせることだと定義しました。大雑把に言えば、今までなかった新しい組み合わせによって生まれるということです。既存の様々な組み合わせや別の領域への応用を繰り返して探ることが、イノベーションの起こし方だといえます。ということは、イノベーションは誰にでも起こし得るものだということです。

　そして、イノベーションはクリエイティブマインド（303ページ）につながります。たとえば今まで思いつかなかったようなモノやコトどうしを組み合わせて、意味不明なアイデアを生むほうが面白いかもしれません。また、あえて知識を得て、論理的に考えて、創出するというプロセスを一切無視し、思いつきでプロジェクトを立ち上げる（のちに知識を獲得しに行ったり、意味を論理的に探ったりする）ということもあり得るかもしれません。この起点は逆説の思考（241ページ）と同様、固定観念を取り払う、常識を疑う視点です。

28 | 学問研究

研究プロジェクトを実現するには学問研究が必要

　ここまで、探究を重ね、「『知』を生み出すための問い（研究テーマ、見通しのない問い）」を探ってきました。その問いの解を導くために、どういう学びが必要であり、そのためにはどの大学を選ぶべきかをこれから考えます。

　その前提は「選んだ学部・学科に関わる学問領域を知っていること」です。学問について調べ学習することを「学問研究」と呼ぶことにします。これを明らかにすると、大学の選択理由が述べられるようになります。

　つまり、「**研究プロジェクトを実現するためには、どういう学問領域を学ぶことが必要なのか**」を把握することで、**大学入学後の研究プロジェクトの企画が練りやすくなる**ということです。

学問研究の方法

　学問研究を行うには、まず以下の道具を準備します。

---

① カリキュラム表
※ 大学のパンフレットやホームページに掲載されています。
② シラバス（講義概要）
※ Googleで「大学名」「シラバス」で検索すると、検索順位の上位にその大学のシラバスのサイトが出てきます。

　カリキュラム表には科目名が掲載されていますが、おおよそ「○○学」「○○論」などと、学問領域の名称で記されていることが多いことに気づくでしょう。カリキュラム表の中から研究テーマに関係しそうな科目をピックアップし、シラバスでその科目ではどういう内容が学べるのかを調べます。理想としては、その領域を専門とする専任の先生や研究室、ゼミナールがあるものを選びたいです。シラバスとは「講義概要」を指し、その授業がどういう目的で、どういうスケジュールで、どのような内容を講義するのかを示したものです。つまり、シラバスを用いると、どんなことが学べるのかが、入学前でもわかるということです。

研究プロジェクト達成のために必要なものを言語化する

　シラバスを読んで、研究プロジェクトに必要そうだと判断したら、印刷したり、スクリーンショットで残したりしながら、記録をしておきます。それらを材料に、「研究プロジェクト達成にはどういう学問が必要なのか」「その学問は研究プロジェクトにどう役立つのか」「どういう専門分野をもつ支援者（大学教員）が必要なのか」ということを、自分の心のフィルターを介して言語化しましょう。

　ここで決して大学のパンフレットの丸写しに近い行為は行わないことです。大学側が求めているのは、パンフレットを読んでいることではなく、大学で何をしたいのかを明示することです。

29 | 履修・研究計画を立てる

学問研究の成果をもとに大学を選ぶ

　自分に必要な学問は何か、どのような学びが必要か、ということを探っていくと、大学を選ぶ軸が見つかります。ここでやっと、大学選択ができて、実際にどういう研究プロジェクトを実行するのかがデザインできます。具体的には、学修計画（4年間もしくは6年間でどう学ぶのか）と研究計画（どのように研究を進めていくのか）が立てられるようになります。

　もちろん、ここでの学修計画と研究計画は、入学後に変えてもかまいません。今、どのように想定しているのかということで大丈夫です。

研究プロジェクトの企画を立てる

　大学入学後にどういう学修をしていくのか、研究プロジェクトの企画を立てていきます。ここでいう研究プロジェクトの企画とは、「学修計画」と「研究計画」を統合したものです。**大学卒業までを期限とし、最高善（higher good）の実現というビジョン（目的）を達成するために、どうデザインするかを考え**ます。

　ここまでで、「『知』を生み出すための問い（研究テーマ、見通しのない問い）」と、どういう学問を修めればよいのかという情報が手元にあるはずです。それらをもとに、志望校のカリキュ

ラム表を片手に、どう履修し、どの先生の研究室やゼミナールに所属するのか（「学修計画」）を考えます。「1 年次には何を履修し、2 年次には…、4 年次には○○研究室に入る」という具合です。大学によっては、履修計画の提出が必須のところもあります。

そして、履修する学問をもとに、指定した研究室やゼミナールでどのような研究をするのか（「研究計画」）のデザインをします。具体的に研究の進め方や内容を示すのが理想ですが、難しい場合はおおよその見立てをしたうえで、オープンキャンパスの個別相談会などで大学の先生に直接相談するのがいいかもしれません。

スーパー高校生はこういうことをしている

　私の教え子には、アクティブに活動する高校生がいます。オープンキャンパスの個別相談会で、大学の先生に自分の研究についてプレゼンテーションを行いつつ、研究に関する相談をしたそうです。それにとどまらず、名刺交換をして連絡を取り合う関係になる高校生（大学教員と名刺交換をしてくるように促す高校もあります）、高校生なのに大学の研究室に入って研究を進める高校生もいます。

　学びに対して誠実な高校生であれば、大学の先生も喜んで支援してくれることが多いものです。名前を覚えてくれたり、そうでなくても研究内容を記憶してくれていたりします。恥ずかしがることはありませんし、むしろ大学の先生を仲間にしてくるくらいの勢いが欲しいものです。

大学の選択理由のオチは限られる

　大学の選択理由の王道は「この大学で学びたいから」、つまり志望校がキミにとって最高の学びの場であることを示すことにほかなりません。そうなると、ここで語るオチはおよそ3つに集約されます。これらを複合的に述べることになるでしょう。

①「この授業を受けたいから」

　学問研究の際、魅力的な授業がいくつか見つかっているはずです。それらを受講したいという筋です。ただし、授業は「『知』を知るため」、既存の領域の「知」を学ぶという話になりがちで、これだけだと「『知』を生み出したい」というところまでたどり着きにくいです。

②「カリキュラムが理想的だから」

　同じ学部・学科の名称でも、大学によってカリキュラムの特性が異なります。選択科目が数多くある「放任型」は、自由に学びたい科目が選べるところにメリットがあります。しかし、研究テーマが定まっていないと、科目が選べないというデメリットがあります。

　他方、必修科目ばかりの「管理型」カリキュラムの大学もあります。科目は自由に選べませんが、着実に実力が身につくというメリットがあります。資格の取得を前提とした学科によくありがちです。

③「この先生のもとで（研究室で）研究したいから」

やはり志望理由は「『知』を生み出したい」というキミの願いを伝えるものです。だから、キミの研究をサポートしてくださる大学の先生のもとで研究したいと願うのは当然です。「この先生に弟子入りしたい」という感覚に近いです。その思いを言語化しておきましょう。研究計画を立てているならば、明確になるはずです。

これが妥当かどうかを確認するには、あらかじめ志望校の教員の研究内容について調査することをお勧めします。Googleで「大学名」「教員名」「研究分野」などをキーワード検索したり、CiNiiで教員名を著者検索したりすると、その先生の得意分野や専門分野がわかります。オープンキャンパスで直接先生に会う機会を見つけ、研究について相談に行くのもよいですね。

ただし、希望する先生がいないこともあるので、その場合は個別ブースの先生に「○○先生に直接相談する機会はありませんか」などと尋ねてみるといいかもしれません。

30 | どういう未来をつくるのか

最高善（higher good）をつくる未来をデザインする

　大学での研究プロジェクトが見えると、A-Bモデル（88ページ）でいう「ビジョン」に近づくためのステップがかなりクリアになってきます。「ビジョンを実現するなんて、どうしていいかわからない」というパニックゾーンから、探究によって現実を知るとともに、最高善（higher good）というビジョンに近づくために大学での研究プロジェクトの概要がデザインできます。

　そして、最後に、さらにビジョンに近づくためにどうすべきかをデザインしていきます。最高善（higher good）に近づくために、大学での研究の成果をどう未来づくりに活かせるのか、その可能性を探ります。さらに適度な創造的緊張（クリエイティブテンション、88ページ）を保つ、志望理由構築の最後の手続きです。

研究成果をどう社会に活かすか

　そのためには「研究成果を実社会にどう活かせるか」色々と可能性を考えることです。以下のようなことを挙げながら、人々が様々な困難をどう乗り越え、よりよい未来に近づけばよいのかを考えていきます。

□ 誰が研究成果を活用し（who）

※ 自分以外の人が活用できるようにキミが仕組み化する
　 ということでもよい

□ どういう現場で（where）

□ どういうことを（what）

□ どのように行うと最高善に近づけるのか（how）

□ いつ頃実現可能か（when）

未来へのデザインをどう志望理由に反映させるか

　ただし、この内容を志望理由書に詳細に盛り込むかどうかは、そのときの判断によるところが大きいでしょう。志望理由書はあくまでも大学での研究プロジェクトを示すものだと捉えるなら、最高善に近づく概要がおおよそわかり、その意志が強いものであることを伝えればよいという判断があってもよいと思います。

　しかし、「ここまでデザインする必要があるのか」ということを疑問視する高校生や先生方には異を唱えたいです。そもそも、私は合格する志望理由書を書くための指導をしているわけではありません。未来をつくりにいく高校生を世に送り出すために仕事をしています。現状のまま衰退（すいたい）していくことは、我々にとってよいのか、という問いを投げかけたいです。高校生には「知」の再生産をするだけではなく、よりよい未来をつくる担い手になってほしいと願っています。

ここに注目してほしい

　彼は志望理由を考えるにあたり、高校生の際に「資本主義のあるべき道とは何か」を模索してきたことを取り上げました。また、SDGs（持続可能な開発目標）への取り組みが学校でも盛んになるにつれ、本当にその取り組みが世界の課題を捉え切れているのだろうかと疑問を抱きました。この志望理由書を携えて別の難関大学にも出願し、合格を勝ち取りました。ここでは、彼がどのように思考を重ねたのかを見てみましょう。

---

1 昨今「SDGs」というキーワードがバズワード化している。私たち高校生の世界にもその波がやってきており、総合的な探究の時間をはじめ、探究活動でSDGsに取り組む学校も増えている。しかし、果たしてそれは構造主義的な眼差しをもとに世界の傷、課題を見つめられているのだろうか。表層的な問題に囚われている現実があるのではないか。そもそもSDGsの根底が資本主義という社会システムに由来するのであれば、そのシステムに潜む要因を払拭する必要があるのではないか。

2 私はこれまでの資本主義システムのモデルを脱構築し、新たなシステムを再構築すべく資本主義の歴史的探究を並行して行いたい。これは学際的領域であるゆえ、そうした学びのあり方を念頭に置く大学への進学を望んでいる。その要件を満たすのが慶應義塾大学環境情報学部であると考える。

3 私はこれまでの学内および学外での研究発表等、課外活動を通して、一貫して資本主義システムの問題を言語化することに努めてきた。テーマは「第四の波」である。これからの社会では利害関係よりも目的や理念に基づく共同体が必要であり、そのような共同体を「イシュースタジオ」と名付けて提唱してきた。現状の資本主義システムでは、発案者に資本が提供され、ビジネスを大きくするという流れを汲む。つまり、利鞘を得て貯蓄をする資本家がさらに資本を増やし、貧富の差を生むということである。それに対して、「発案者」「資金提供者」「賛同者」の全員が資本の提供を行い、その関係性の中で利益を循環・分散させる経済モデルに移行できないかという提案をした。イシュースタジオを構築するということである。イシュースタジオはあくまでもパーパスを軸に構成されるから、当初の計画や目的が達成されると一旦解散できるという特性を持つ。加えて、資本を獲得する際、従来は自己が所属する共同体外に外貨を獲得する交渉が必要であったが、この仕組みであればイシューを他の共同体と共有することもでき、共同体を拡張しやすいという利点もある。このシステムなら経済至上主義に陥ることなく新システムを運営できるのではないか。

4 そもそも私がこのような研究を始めようと思ったのは「なぜ現在のような世界になったのか」の整理を我々は怠ってきたと考えたからである。クリティカルな眼差しをもって生活をしてこなかったということだ。SDGsもまさにそうである。SDGsの取り組みが部分最適で終わり、世界全体という全体最

適まで至らないのは「SDGsに取り組んでいるから世界に貢献している」というまさにイシューなしの形骸化が原因なのだ。私は世界の傷を真正面から捉えず、表層的に捉え、眼差しを狭めていることに危機感を覚えている。

5 私は上記の研究を続けるために、現在のシステムを俯瞰し、次世代に向けてのシステムを構築する力を身につけたいと考えている。また、幅広い知見から社会の運営を検討し、自らの意思で様々な知識を獲得する「学問越境」の場を求めている。特にこうした領域ではさまざまな知見を得るために、国内外問わず研究者との交流を図る必要があるだろう。文献調査に加え、いま足りないのは現地調査である。理論では問題と課題が明確化しているのに、我々の足元では課題意識が薄れ、まさに「見えない問題」と化している。そうした状況をどう打破するのか、その模索は慶應義塾大学環境情報学部であればきっと行える。

6 国連本部にあるノーマン・ロックウェルのモザイク画と、記されている"DO UNTO OTHERS AS YOU WOULD HAVE THEM DO UNTO YOU"という言葉はSDGsの本質を表現している。その実現のため、自身の研究がSDGsに関する問いが出発点であるから、実際に日本だけでなく世界でこのような現代の社会的諸問題とどう向き合うのか、グローバルガバナンスについて、○○研究会を見学した際に議論をしたが、研究会に所属して継続して学びたい。また、自身の研究をより実践的かつ論理的に強固なものに仕上げるための実践論として世界中に公開

されているデータをまとめ、深い分析から考察を展開できるようになるためにデータサイエンスは必須であろうし、自身が通時的な流れの中で生きていることを自覚し、それらを俯瞰的に観測することで、これからの私たちの社会はどの方向に舵を取るべきなのかを深く理解するための歴史社会学の観点も重要となろう。多くの先生方から学び、資本主義システムのあり方を根底から問い直し、SFC（湘南藤沢キャンパス）での学びと活動を通して未来に向けた構造改革と現状打破をしたい。既に現在のシステムの限界に対する危機感を肌で感じるほどに抱き、システムの変革をさせようとことを起こし、その熱量に応えるに足る意識を多くの人々に有してもらえるような人間として、今後も生きていきたい。

[アドミッション・ポリシー]

ひとつの学問分野にとらわれることなく幅広い視野を持ち、地球的規模で問題発見・解決できる創造者でありリーダーを目指そうとする学生を歓迎します。環境情報学部の理念や研究内容をよく理解した上で、「SFCでこんなことをやってみたい」という問題意識を持って入学してくれることを願っています。SFCの教育環境や先端プロジェクトなどあらゆるリソースを積極的に活用し、「自らの手で未来を拓く力を磨いてほしい」と期待しています。また、多様な学生を集め、学生同士が互いの強みを活かせるように、一般選抜、AO入試[総合型選抜]、帰国生入試、外国人留学生入試といった多彩な入試を実施し、AO入試については英語による受験も認めています。
（慶應義塾大学湘南藤沢キャンパスウェブサイトより引用　https://www.sfc.keio.ac.jp/pmei/policy.html）

志望理由を考えるプロセスを見てみよう

　彼の探究の過程が興味深いです。問題意識は、昨今注目されているSDGs(持続可能な開発目標)への取り組みに対する批判的な眼差しから生まれたそうです。国連本部にあるノーマン・ロックウェルのモザイク画『黄金律』には"DO UNTO OTHERS AS YOU WOULD HAVE THEM DO UNTO YOU(おのれの欲するところを人に施せ、自分がしてもらいたいように人にもしなさい)"と示されていることをもとに、果たして我々はこのようにSDGsを捉え、循環型社会をつくろうとしているのか、と問うています。SDGsへの取り組みが広がることは肯定しつつも、世界の傷の被害者と加害者が重なる問題が多数ある中で、持続可能な社会になるのか、というのです。そして、その根底には資本主義という社会システムがあると指摘しています。

　そして、彼はその指摘を問題提起だけで終えず、実際に資本主義のシステムを変えるための考察を重ね、研究発表してきたというのです。資本主義の中での利害関係ではなく、目的や理念に基づく共同体を作り上げることが大切だという主張のもと、「イシュースタジオ」という名前で新しい経済モデルを構築するという試案を示しました。経済を優先してきた社会システムを修正する方法を提案したのです。実現性はともかく、問題を指摘するだけではなく、自らがモデルを示し、よりよい社会を構築することができるのではないかという可能性を示したところが、彼の試みのユニークなところだと思います。

　加えて、彼は世界に広がる問題や課題があるにもかかわらず、多くの人々が苦しむ現状に対して、我々に警鐘を鳴らしています。「なぜ現在のような世界になったのか」の整理を怠ってきたというのです。そして、その力は自分には足りない、だから学ぶのだと主張します。そのためには「学問越境」「現地調査」を重ね、見えない問題を打破するだけの学びが必要だと述べています。そう感じたのは、実際に大学の研究会（ゼミナールと同様のものです）に出向き、大学の先生と SDGs についての議論を重ねたからだといいます。このように実際に大学の先生とコンタクトを取り、教員や現役学生と交流や議論を行ったり、共同研究したりする受験生もいます。本気で志望するのであれば、積極的にこうしたアプローチをしてもよいと思います。

この志望理由書の見どころ

　この志望理由書は比較的制限字数が多いもので、その大学を志望した経緯を、自らの経験や考察をもとにストーリー性を持って示せています。実際の経験と大学の志望理由が噛み合ったものとなっています。「イシュースタジオ」に関わる高校時代の研究が、大学で研究をしたいという展望を裏付ける事実として機能しています。事実があるから、志望理由に誠実さが生まれるという典型的な例だと思います。高校生の間に世界の傷に触れ、それを自らの手で解決できないかと考えた試みが評価されたといえます。

　これができたのも、高校生の研究活動をもとにキャリアデザ

イン（人生の設計）をしていたからだといえます。入試直前に「どの学部だと受かりやすいか」といった観点で大学選びをすると、志望理由の裏付けとなる経験がそもそもない状態で志望理由書を書く事態が生じます。それは志望理由書が「嘘」に見えてしまう原因となります。そうではなく、高校時代から研究・探究活動、社会貢献活動、プロジェクトを重ねて、「自分は世界の中でどう生きたいか」ということを、彼のように真剣に考えてほしいと願います。

アドミッション・ポリシーとの照合

「ひとつの学問分野にとらわれることなく幅広い視野を持ち、地球的規模で問題発見・解決できる創造者でありリーダーを目指そうとする学生を歓迎します」「SFCの教育環境や先端プロジェクトなどあらゆるリソースを積極的に活用し、『自らの手で未来を拓く力を磨いてほしい』と期待しています」とありますが、資本主義システムが引き起こす問題を捉え、それを学術の力で解決しようという意志がみられます。そして、そうした問題をどう乗り越えるのかを模索したことが研究経験で示されており、まさに「自らの手で」世界の傷を克服するリーダーとしての資質がうかがえます。

　また、「環境情報学部の理念や研究内容をよく理解した上で、『SFCでこんなことをやってみたい』という問題意識を持って入学してくれることを願っています」とありますが、「学問越境」「現地調査」および研究会の指定をすることで表現していると

考えられます。ただし、どういう学問を越境する必要があったのか、なぜその研究会でなければならなかったのか、という理由をより深めて記したほうがよかったのではないかと思います。実際にそうした質問が面接では投げかけられたそうです。

どんな人が合格するか

　彼は研究活動の他にも、さまざまなコンテストに出場したり、学校のルールメイキングに積極的に参加していたりしました。また、クラスメイトとも議論を活発に行ったりするなど、さまざまな取り組みに参画していました。そうした中で、自分はどう生きればよいのか、ということを模索したそうです。そして、進学先としていくつかの大学を選択しました。彼の素晴らしいところは、「進学可能性ありき」で大学を選ばなかったということです。自分が何を学びたいのか、どういう社会を作り上げていきたいのか、という「軸」をもち、それが実現できる大学を一つひとつ丹念に調べ上げて、選択しました。

　私は、彼の大学選択の仕方に学ぶべきことが多いと感じました。研究活動を通して自分の人生をつくる生き方を選択したその歩みは、今後の彼の人生に期待を抱かせます。

　彼とは縁があり、高校時代に長い間対話をし続けました。話すたびに新しい気づきを得られましたが、それは彼が勤勉家だったというところも大きいと思います。新しいことを探究し続け、読書や情報収集を重ね、常に自らを更新していく姿を目の当たりにし、私も彼のように学び続けようと感じました。

☐ 志望理由書の良し悪しはプロジェクトの質にかかっている。

☐ Growth Mindsetをもとう。自分に足りない部分を自覚し、
成長できる姿勢へと自分の気持ちを寄せていく努力をしよう。

☐ 「こんな未来をつくりたい」という志をもち、
高い意識で研究しよう。

☐ 「現実」を認識し、未来のあるべき姿を「ビジョン」として掲げ、
ビジョンに近づけながら、イノベーションを起こせる人に成長しよ
う。

☐ 探究するための手がかりとして、
まずは「気になること」をキーワードとして発散し、
その意味を思いつく限り言葉にしていこう（探究キーワード）。

☐ 「気になること」が見つからないときは、
過去の体験を思い起こして、探究キーワードの片鱗を探ろう。

☐ 「探究キーワード×学問」を見つけ、
志望理由のストーリーの大枠をデザインし、
D-OODAで探究しよう。方法は「正攻法」「逆打ち法」の2つ。

☐ 「正攻法」の場合、順当に探究するが、問いを素早く見つける
ことが探究を早く進めることにつながる。「知」を生み出すため
の問いを探るには、書籍や論文を読むとスムーズに進められる。
「探究キーワード×学問」で検索したときに論文が検索できない
場合、そのテーマが最先端の可能性がある。

☐ 「ゼロから1カ月」で対策するなら、
「探究キーワード×学問」を手がかりに、
先に先行論文を読んで最先端を探る「逆打ち法」が考えられる。

☐ 研究プロジェクトを実現するために、学ぶべき領域は何か、どういう支援者（大学教員）が必要なのかを探る。大学のカリキュラムやシラバス（講義概要）などを参考にするとよい。これらが調べられると、学修計画と研究計画が立てられるようになる。

☐ 大学選択のオチは「授業」「カリキュラム」「先生（研究室）」の3つに集約される。

☐ 最高善（higher good）に近づくため、大学での研究の成果をどう未来づくりに活かせるのか、その可能性を探ろう。

第 **3** 章

志望理由書の
表現法

プロジェクトは考えたけど、どう書いたらいいんだろう

どうやったらちゃんと伝えられるのかな…

う〜ん…

じゃあ表現の仕方を、まずはざっくり説明しよう!

お願いします!

確認だけど何を書いたらいいんだっけ?

学部・学科の選択理由と

大学の選択理由ですよね!

そうだねしっかり学んでるね!

やった!

この2つを
4段階で書くんだ

どういうことですか?

学部・学科の
選択理由は

大学の選択理由は

① 大学で研究したいこと
　（研究テーマ）

② 研究の意義
　（研究の重要性）

③ 研究に必要な環境
　（研究に必要なリソース）

④ その環境が
　そろっている理由
　（志望校進学の必要性）

…が要素
だったよね

これらを順に
書いていけば大丈夫だ!

考えが
まとまってるから
書くのは楽そうだ!

じゃあ、具体例も
見ながらくわしく
説明していこう

31 │ 思考を型に格納する

第2章までの思考を「型」に格納する

72ページでは、以下の図を用いながら、たくさん思考し、その内容を「型」に格納するという手続きについて説明しました。そして、**第2章**では思考の方法や手続きについて述べました。

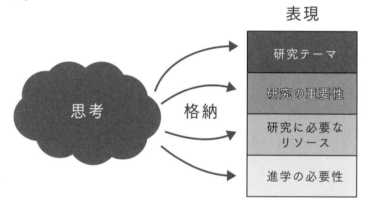

これから始まる**第3章**では、思考して得られた材料をもとに、志望理由書の型に格納する手続きを解説します。

「材料」を「大学からの設問要求」に合わせて格納する

大学は出願書類に志望理由の記述を求めますが、その書式は多種多様です。たとえば、「志望理由書」というタイトルと制

限字数だけで自由に論じる形式の大学もあれば、「学部・学科を志望する理由」「○○大学を志望する理由」と分けて尋ねる大学もあります。また、「志望理由」「学修計画」と分けるところもあります。こうした書式の違いに柔軟に対応することが求められます。おそらく、実際に書類に落とし込む場面で困ることでしょう。

「下ごしらえ」と「再構成」

第2章までに様々に思考をしてきたキミなら、語るための材料は豊富にもっているはずです。それを型に格納しますが、そのためには「下ごしらえ」が必要です。料理を完成させるために野菜を切ったり魚をおろしたりするように、出願書類の型に格納しやすくするために中身を分解する手続きが欠かせません。そのうえで、各大学の出願書類の要求に合わせて「再構成」します。含めるべき内容をすべて含めて書類として表現するわけです。

32 | 14の要素

材料を要素ごとに分解する

　82ページで志望理由で最終的に示すべきことをまとめると、4点あることを指摘しました。それぞれを名付けると「研究テーマ」「研究の重要性」「研究に必要なリソース」「進学の必要性」です。肝心なのは、この中に内容として何が含まれている必要があるのか、です。その中身を14項目に分類しました。まずはその全体像を紹介し、それぞれの意図を後述します。

　「型は表現された思想だ」といわれますが、まさにここで示すのは、私の思想に基づいて生まれた「型」です。多分に私の思いが含まれています。私の思いを要素ごとに分類すると、14のポイントがあるということです。未来を生きる高校生にこうあってほしいし、自らもそうありたいという願いを込めています。

　もちろんこの14項目を先に伝え、たとえばワークシート形式にして埋めていくという方法も考えられなくはありません。しかし、私はそういう方法はとりません。ワークシートにすると、思考するよりも「空欄を埋めるにはどうすべきか」という意識が強くなりがちで、豊かな発想の妨げになると感じています。事実に身を浸し、素直な気持ちで思考するためにはあまり枠組みや制限を設けずに進める必要があると考え、**第2章**で「思考」、**第3章**で「表現」と分けました。

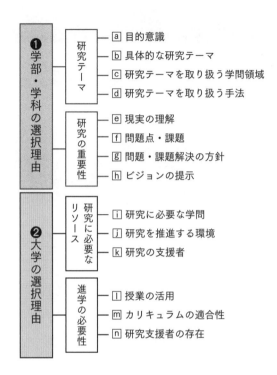

❶ 学部・学科の選択理由

研究テーマ
- a 目的意識
- b 具体的な研究テーマ
- c 研究テーマを取り扱う学問領域
- d 研究テーマを取り扱う手法

研究の重要性
- e 現実の理解
- f 問題点・課題
- g 問題・課題解決の方針
- h ビジョンの提示

❷ 大学の選択理由

研究に必要なリソース
- i 研究に必要な学問
- j 研究を推進する環境
- k 研究の支援者

進学の必要性
- l 授業の活用
- m カリキュラムの適合性
- n 研究支援者の存在

33 | 研究テーマ

「研究テーマ」の中に含めたい4項目

❶ 学部・学科の選択理由

Ⅰ 私はこういうプロジェクトを学部・学科で実行したい
（研究テーマ）

　まずは、今までの思考で得た材料をもとに、研究テーマ、つまり志望理由の肝となる「大学でどう学ぶのかという計画（プロジェクト）」の概要を整理しましょう。以下の⬚aから⬚dの4項目が含まれていることを確認します。

⬚a　目的意識（誰のために、何のために）

⬚b　具体的な研究テーマ（何を）

⬚c　研究テーマを取り扱う学問領域（どのような領域で）

⬚d　研究テーマを取り扱う手法（どのように研究するか）

目 的 意 識

　そもそもキミが研究プロジェクトを立ち上げる目的は何なのでしょうか。研究目的（何のために）とその対象（誰のために）を明らかにします。

　もちろん「興味があるから」「楽しそうだから」という自分がその研究を楽しんで行えることは根底にあってしかるべきです。キミの Core Identity（266 ページ）を大切にし、その価値や才能を最大化することが、これからの社会には最も大事だし、モチベーションの源になります。

　しかし、私の方針は「最高善（higher good）」（67 ページ）を目指すことにあります。そして、ここまで本気で考えてきたのなら、つくりたい未来像も「志」（86 ページ）を携えながら思考していれば、明らかになっているはずです。では、キミの研究を実際に存在する他者や社会にどう活かせるのでしょうか。**「こういう人や社会を幸せにする」という目的が見えてくる**のではないでしょうか。

具体的な研究テーマ

　しっかり思考すれば、研究テーマもかなり具体的になるでしょう。どういう本質的な問題や課題が現実に潜んでいるか。それをどういう研究によって、解決したり、新たな発想を生み出したりするのか。研究テーマはこうしたことをもとに、**「『知』を生み出すための問い」「見通しのない問い」**の形で示せるはずです。ここが、たとえば「コンピュータ『関係』の研究をしたい」「音楽の力を総合的に研究したい」など曖昧な状況の場合は問題です。それは定義がそもそも曖昧なまま考えている証拠です。「コンピュータとはここでは何を指すのか」「音楽の力とは、音楽の何を指し、どういう力のことを言うのか」がはっ

きりしません。研究する内容が絞られていないわけですから、94ページに戻って再度言葉を発散し、探究キーワードを探るところから始めるといいかもしれません。

なお、ここでは「研究の焦点を絞れ」と言っているのであって、「具体的にせよ」と言っているわけではありません。学問分野によっては「現代人の幸せとは何か」といった、抽象度が高い問いに取り組むこともあり得ます。

研究テーマを取り扱う学問領域

キミの研究テーマを取り扱う学問領域は何でしょうか。「物理学」「社会学」「政治学」などのように、大まかな括りで終わらせていませんか。たとえば社会学でも「社会学史」「社会理論」「社会階層」「社会統計学」「紛争理論」「公共性」「カルチュラル・スタディーズ」「メディア研究」「システム理論」「犯罪学」「社会人類学」「社会心理学」「社会生物学」「社会言語学」「社会福祉学」など、隣接する学問領域を含めれば細分化できます。

また、領域も様々です。PEST分析（132ページ）をより細分化しても、「小児」「文化」「教育」「環境」「民族」「家族」「ジェンダー」「政治」「産業」「情報」「法」「経済」「軍事」「合理化」「宗教」「科学」「医療」などがあり得ます。こうした領域の中で、どの観点からアプローチするのでしょうか。

研究テーマを取り扱う手法

学問領域を特定すると、どのように研究を進められるか、具

体的に見えてきます。もしかしたら、学校の先生に相談するだけでは足りないかもしれません。その際、改めて学問研究を進めたり、オープンキャンパスで直接大学の先生に話を聞きに行ったり、専門家や実践家に相談したりすることが必要です。

志望理由書以外の出願書類

　「志望理由書」だけを提出するケースは、実際にはあまりありません。「調査書」、学校推薦型選抜の場合には「推薦書」、総合型選抜だと「第三者評価書」などといった書類を一緒に提出する必要があります。

　その場合に、書いている人が異なるゆえに、志望理由書とそれらの書類とで内容が噛み合わないことがあります。そうならないように、志望理由書でどのようなことを書くのか、あらかじめ伝え、調整の上、臨んでください。

　また、志望理由書の内容と、調査書に書かれている学校の成績との関係性も見られる可能性があります。志望理由書で「私はプログラミングが大好きです」と書いているのに、高校の情報科目の成績が悪いと、疑われてしまいます。

　総合型選抜や学校推薦型選抜では、調査書にある「評価の推移」を見られることもあります。評価がずっと高い場合はもちろん、上り調子もいいです。特に、受験する学部・学科と関係する科目が上り調子だと、「本当に好きになっているのだ」という姿勢がわかります。でも、最初は良かったけど落ちていった、とか、低いままだと、厳しい。「大丈夫だろうか？」と思われてしまいます。

　このように調査書から、その知識・技能をどれだけもっているのか、だけでなく、興味関心の高さ、ということも読み取れるのです。だから、学校の成績はやはり大切だということは知っておいてください。

34 | 研究の重要性

「研究の重要性」の中に含めたい4項目

> Ⅱ このプロジェクトには、こういう「知」を生み出すと
> いう意義がある（だから、学部・学科でこういうプロジェクト
> を行いたい）（研究の重要性）

なぜキミが掲げた研究テーマを行うことが重要といえるの
か、大学側が納得する材料を整理します。大学側は数多くの志
望理由書を読みながら、誰の主張に共感できるか、説得力があ
るかということを「比較して」評価しています。

第2章の94〜143ページで探究してきた際に得た材料をもと
に整理します。しっかりと探究し、現場に足を運び、調査や実
験を続けているならば、その重要性に確信をもてているはずで
す。自信をもって、プロジェクトの意義を述べましょう。

> e 現実の理解（何が「知」として明らかになっていて）
> f 問題点・課題（どういう「知」が不明確で）
> g 問題・課題解決の方針（どうすれば「知」を生み出せるか）
> h ビジョンの提示（研究を通してどういう未来をつくるか、
> 最高善を導くか）

現実の理解

　研究を取り巻く環境でどういう現実があるのか、整理します。何が「知」として明らかになっているのか、要は事実関係や先行研究の内容をまとめます。

・いつ、どこで、誰が、何を、どうしているか

・それはどういう領域のものなのか

・どういう傾向があるのか

・どう変化したか

・他の事象を比べるとどういう分析ができるのか

・直接経験したことなのか

・オリジナルのものか

・誰かがやったことを追体験したものか

・伝聞なのか、書籍や論文から得た情報なのか

　材料の中から、研究の重要性を語るためには欠かせない優良な話をピックアップしましょう。

問題点・課題

　その事実を目の当たりにし、どういう解決できていないことや、どのような問題があるのか、ということを整理します。「どういう『知』が不明確なのか」と言い換えることができます。

　先行研究や事例を見つめながら、研究がなされていない対象

や領域がある、ある分野の研究の成果が転用できそうだけれど行われていない、先行研究を行っている人がこういう問題や課題を抱えている、というところを見つけ、問いにします。おおよそ、誰も研究していないニッチ（隙間）な領域を見つけるか、先行研究の先を見つめるか、という二方面があると思われます。

問題・課題解決の方針

そして、その問いを、学部・学科での専門領域を用いて、どうやって解き明かすのか、研究プロジェクトの概要を示します。仮説でも問題ありません。「どうすれば『知』を生み出せるか」というところを述べてほしいです。

どういう学問の、どういう学びを得て、問いをどう解決へと導こうとしているのか。見通しのない問いは解明が難しく、そもそも人間社会の中の問題や課題は複雑かつ偶然性のあるものです。複数の学問領域の知見が絡み合うことになるかもしれません。

大学4年間でどういう知識を得て、経験を重ね、専門家の支援を受け、どういうことを解き明かそうとしているのか。そのデザインをしてみましょう。

ビジョンの提示

そして、その成果を現実社会や対象となる領域にどう活かし、最高善（higher good）を目指すのか、「研究を通してどういう未来をつくるのか」ということを描いてみましょう。

　そもそもキミがつくりたい未来とはどういうものなのか。現状とのギャップはどれくらいあるのか。そのギャップを埋めるのに、研究（そしてその発展・転用）がどういう役割を果たすのか。キミの研究によって世界はどう変わるのか、誰を救うのか。その際、デメリットが生じることは必然だから、そのデメリットをどう回避・軽減するのか。

　ここではA-Bモデル（88〜89ページ）のビジョンと、そのビジョンをキミの研究でどう実現するのか、というところをまとめてみましょう。

35 | 研究に必要なリソース

「研究に必要なリソース」の中に含めたい3項目

❷ 大学の選択理由

Ⅲ このプロジェクトを実行するためには、こういう学問の修得や教育、環境や支援者が必要だ（研究に必要なリソース）

　前述の「問題・課題解決の方針（168ページ）」をもとに、研究を進めるためにはどういうリソース（資源）が必要か、ということをまとめます。ここで大事なのは、以下の3項目をすべて満たすことです。

ⅰ 研究に必要な学問（どういう学問を身につけるべきか）

ⅰ 研究を推進する環境（どういう研究室・ゼミナール・協力体制が必要か）

ⅰ 研究の支援者（どういう専門分野をもつ教員の支援が必要か）

研究に必要な学問

　探究を重ねると、「この学問をもっと学ばないと、本質にたどり着けない」「もっと突っ込んで学んでみたい」というところが見えてくるはずです。大学に入学後、どういう学問を身につける必要があるのか、というところを整理します。

研究を推進する環境

　研究を進めるにあたり、本格的に活動するための場が必要です。どういう研究室やゼミナールに所属するとよいのかをまとめます。また、研究テーマによっては他学部・学科、他大学、研究所との協力体制が必要な場合がありますので、その点も記しましょう。

研究の支援者

　そして、最も肝心なのは研究の支援者です。どういう専門分野をもつ教員の支援が必要か、ということをまとめましょう。このあたりは、インターネットや大学のパンフレット、カリキュラムやシラバスだけでは独力で調査できないことがあります。そういう場合は、オープンキャンパスを活用し、直接大学の先生に相談するとよいでしょう。

36 | 進学の必要性

「進学の必要性」の中に含めたい3項目

Ⅳ 志望校では、このプロジェクトがこう実行できる（だから志望した）（進学の必要性）

　キミの研究に必要なリソース（170〜171ページ）が整理できたら、「リソースがすべて揃っているから、この大学を選んだ」というロジックが説明できるようになります。ここでは、それらを3項目の中で述べてみましょう。

　l　授業の活用（こういう授業を活かしたい）
　m　カリキュラムの適合性（こういうカリキュラムだと研究活動が最大限に行える）
　n　研究支援者の存在（こういう教員に支援が受けられる）

授業の活用

　研究に必要な学問がわかると、志望校でどういう内容が学べるのかということも詳細にわかります。カリキュラムで該当する科目名を調べておき、シラバスをじっくり読めばよい。すると、「こういう授業の内容を、研究にこう活かしたい」という

物語が描け、本気で学びたいという気持ちも高まります。その際、決して「この授業を受けたい」だけで留まらないことです。受動的に授業を受けただけでは、何も世界は変わりません。それをキミがどう活かすのか、ということを語りましょう。

カリキュラムの適合性

　同じ名称の学部・学科でも、大学によってカリキュラムが異なります。その意図を整理しましょう。何年次に授業をどう配当しているのか、それらの授業はどう系統立てて履修できるようになっているのか、それは自由選択なのか、ある程度制限がかかっているのか。大学によってはカリキュラムツリー（どの学年のどの科目が系統づけられているのかを示した表）があるので、参考にするとよいでしょう。そして「こういうカリキュラムだと研究活動が最大限に行える」というストーリーを描きましょう。

研究支援者の存在

　そして、自分の研究に様々な視座を与えてくれる先生を挙げてみましょう。オープンキャンパスでその先生でよいのかを確認したり、直接先生にアポイントを取ったりして尋ねてみることが理想です。「こういう教員の支援を受けたい」という内容を丁寧に示しましょう。

37 | 書式の確認と格納

大学の書式によって入れる項目を変える

　大学によって、求められる書類や記述内容が異なります。「志望理由書」とだけ書かれている書式もあれば、学部・学科の選択理由と大学の選択理由を別々に記すように求めてくる場合もあり、「自己推薦書」「自己申告書」という名称なのに志望理由の記述が促されるケースもあります。よって**「このような型に当てはめて書けば大丈夫」という定型のフォーマットはないの**です。

　でも、キミなら大丈夫。ここまで志望理由をしっかり考えてきたし、14項目を整理してきましたよね。それらをもとに**「志望校の書式に、何を、どう入れるのか」ということを考えれば**よいのです。

設問要求の把握

　たとえば、ある大学では以下のように記されています。

> 文章を用いて学部を志望した理由と入学後の学習計画を自由に表現。日本語を使用し2000字程度で記入。

　ということは、志望理由の14項目を2000字程度でまとめればよいということがわかります。

一方、別の大学では以下のような指定がありました。

○大学の志望理由

学部・学科をなぜ第一志望にしたのでしょうか。下記①〜④の項目について述べてください。

① その学問分野に興味をもったきっかけ

② 志望する学部学科で何を学びたいか

③ 教育理念のもとどう学びたいか

④ 目指す将来像

※ 書く順番や分量は自由ですが、①〜④すべてについて書いてください。なお、どの項目について書いているのかがわかるように、書き始めに番号を書いてください。

　設問それぞれに要件が詳細に記されていますので、それらを満たすように記します。たとえば、以下のように14項目を分配します。

① その学問分野に興味をもったきっかけ：e、f、g

② 志望する学部学科で何を学びたいか：a、b、c、d

③ 教育理念のもとどう学びたいか：i、j、k、l、m、n

④ 目指す将来像：h

字数把握と段落数の決定

　配置する内容を決めたら、あとは文章にするだけ。その際に「段落数を決める」ことを事前に行いましょう。高校生の多くは字数を埋めることに必死になり、肝心な内容についての検討をしなくなりがちです。キミはそうならないように、思いを伝える準備をしましょう。

　大学の要求に対し、何字程度の字数が必要で、おおよそ何段落に分けて書けばよいのか、という目安を決めておきます。私の目安としては、1段落当たり150字から300字程度。それを制限字数に当てはめれば、おおよその段落数が決まります。そうしたら、それらの段落に14項目の何を、どのように配置する

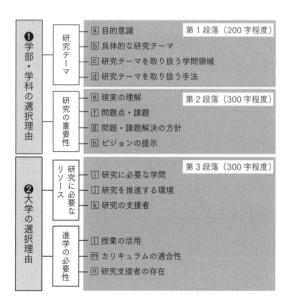

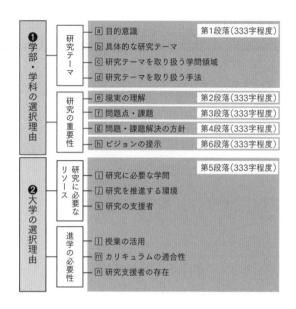

のかを決められます。

　たとえば800字ならば、3段落（200字＋300字＋300字）。2000字ならば、333字×6段落＋α。

　ただし、字数はあくまでも目安。実際に書き進めていきながら、字数が足りなければ次の段落を増やすとか、字数が多くなりそうならばどこかの段落の内容を削ったりするなど、適宜調整してみてください。

　志望校の書式が、マス目ではなく罫線（けいせん）の場合も、1行当たり何文字入るかがわかれば、おおよその字数を計算することができますね。

38 | 字数調整

文字数の増やし方

　実際に書類に「書く」ときに困るのは、おそらく字数調整だと思います。では、そのときにどう調整をすればいいのか。つまり、限られた字数の中で構成が決まっていて、それをどうコントロールして制限字数を満たすのか。そのときに必要なのは字数の増やし方と減らし方のテクニックです。

　まず、増やし方です。その方法は、前に書いた文章の内容をくわしく説明すること。おおよそ、最初にパッと思いつく表現は抽象的なことが多いものです。だから、たとえば背景、用語、曖昧な表現の本当の意味合いをくわしく説明する。前の文章の次にいきなり書き始めてもかまわないので、その説明をすると字数は増えていきます。

　よく字数を増やすために、ひらがなで書くとか、無駄な言葉をつけ加えてみるとか、してしまう人もいますが、あまり好ましくないことです。また、具体例を示すことも考えられますが、的外れな事例や特殊事例を用いることのないように注意したいところです。

文字数の減らし方

　では、逆に減らし方。減らし方は、まず、熟語を使うことです。熟語を使うと文章が引き締まったり、短くなったりするこ

とが多いです。この過程で様々な言葉を学ぶので、力がつきます。

　あとは、修飾語句を外す。「よく」などの飾り言葉がなくても通用することは、よくありますね。

　他には、文末表現があります。「〜してしまう」。これは別に「〜する」でもかまわないわけですね。

　さらには、文脈に関係ないものを外す。特にこれは具体例を示すときにあります。勢いで、理由に関係ない事実を述べてしまうことが多い例です。基本的には文脈に関係ないものは書かない、関係あるものだけを書く。それを自分で判断することが字数を減らすことにつながります。

　字数を調整するというのは、無駄なことを書くなどではなく、むしろ、いかに伝えたいことだけをシンプルに伝えるのかという前提で調整をすることです。

39 | 原稿用紙のルール

　志望理由書は、原稿用紙のマス目が用いられることがあります。使い方を誤ると、減点対象にもなるので、ルールを確認しましょう。

□ 書き始めや段落を分ける場合には、1マスあけましょう。別の指示があれば、その指示に従ってください。

□ アラビア数字(1、2、3、……)やアルファベットの小文字（a、b、c、……）は、1マスに2文字書くことができます。

□ 句読点（「、」「。」）や拗促音（っ、ゃ、など）、カギかっこ（「　」、『　』など）も1マスで書きます。

□ 二重カギかっこ（『　』）は書籍の題名を示す場合や、カギかっこの中でカギかっこを用いる際に使います。

□ 引用する場合には、「著者名『書籍名』(出版社名、発行年)」という形で出典を示します。

□ 記号（!、?、など）やダブルコーテーションマーク（"　"）の使用は避けましょう。

□ 行の頭には、句読点・小文字・かっこのとじ、を置かないようにしましょう。行の頭に来てしまう場合は、前の行の最後の1マスに他の文字とともに記入します。なお、最終行の最終マスに句点を同居させると、字数オーバーになるおそれがあります。最終マスには同居させないようにしましょう。

表現・表記上の注意

　表現や表記上の誤りは減点対象になります。一方で、表現や表記への気配りは、採点者の無用な混乱を防ぎ、あなたの意図を正しく伝えることにもつながります。

□ 文章は短く句切るようにしましょう。

□ 呼応表現（「なぜなら」－「から」、「〜たり」－「〜たり」など）を正しく使用しましょう。

□ 漢字、送りがな、かな表現の誤りには気をつけましょう。

□ 句点（。）は文の終わりにうちます。句点、読点（、）ともにうちすぎたり、少なすぎたりしないようにしましょう。

□ 文体は統一しましょう。「です・ます」調（敬体）でも、「だ・である」調（常体）でもかまいません。たとえば、読み手にやさしい印象を与えたいのであれば敬体、硬派な印象を与えたいのであれば常体を用いるなど、使い分けてみましょう。

□ 会話調の表現は文章の表現に直します（「なので」→「このため」、「でも」→「しかし」、「ちゃんと」→「きちんと」、「…じゃない」→「…ではない」、「お父さん」→「父」、「僕」→「私」など）。

□ 意図を正確に伝えるため、体言止めや倒置法、省略、比喩（直喩、暗喩、換喩など）、誇張、列叙など、レトリックは無闇に使わないようにしましょう。無意味なカタカナ表記も同様です。

40 | 再構成

書類作成は「再構成」という行為

　ここまでの過程を振り返ると、様々な思考を経て得てきた材料を要素ごとに整理して「再構成」しましょう、ということでした。つまり、複数の要素の組み合わせで成り立っている物事（志望理由を考えてきた過程やその材料）の、要素の組み合わせを替えて、従前とは異なるもの（出願書類）をつくり上げることです。目的に応じて情報を取捨選択し、その情報を再構成して伝える。この力を「編集力」という人もいます。

再び魂を吹き込む

　私がこの手続きでとても大事だと思うのは「再び魂を吹き込む」ことです。要素に分解すると、つい「これを入れれば志望理由書は完成だ！」と思いがちです。しかし、そういう志望理由書にはなぜか熱意を感じない。それは、要素だけをつなげると論理は明瞭になるものの、物語性が失われるからだと感じています。悩みながら、手間をかけながら、はっと気づく瞬間を感じながら、自分の価値観をもとに、ビジョンに向けて熱意を抱きながら、色々思考してきた足跡があるはずです。それが綺麗に消え去ってしまう。

　出願書類に再構成するときだからこそ、魂、志を注入しながら書き込んでほしいのです。書類にするときにも、見通しのな

い問いにモヤモヤしながらも、未来に向けた光り輝くビジョンに思いを馳せ、熱意をもって書き込んでほしいのです。だから、私はマインドを整えてほしい（84ページ）、志をもってほしい（86ページ）と述べ、志望理由を考えていく過程で興味や関心に対する熱意を育んでほしいと願っていたのです。

再構成しながら思考してもいい

　書類を書きながら、また色々と考えが及ぶこともあるでしょう。わからなくなったら再び調べに行きたくなることもあるでしょうし、別の視点を思いつくこともあるでしょう。研究が進んでしまい、新たな問いが立つこともあるでしょう。そういうときの思考も大事にしてほしいです。

　もしそういう状況になったら、それを深めて新たに再構成すればいい。志やビジョンが揺るがないならば、スクラップ＆ビルド（古いものを壊し、新しいものをつくりなおす）してもいいのです。一度つくったものを壊すのはたしかに怖いかもしれません。しかし、**志をもって未来をつくるなら、手段や視点を変えてもかまわない**のです。たとえば、大学や学部や学科を変えたり、専攻する学問を変えたりすることも厭わない。そうやって、自分の人生をつくっていけばいいのです。

ここに注目してほしい

「自己推薦文」を1000～2000字程度求められており、「これまでどのような活動をしてきたか」および「社会学科で何を勉強したいのか」をはっきり述べることが要求されていました。以下、後者を取り上げます。1000字程度にまとめています。この志望理由書において、14項目をどう満たしているのかを見てほしいです。

---

1 いったい幸福を感じる要因とは何だろうか。残念ながら我々はこれからの未来に過大な期待が抱けず、不安の中で生きている。しかし、そうした中でも「幸福感ある未来」は必ず描けると信じたい。私は現代に生きる人々の「幸福感」を解き明かすために必要な社会学やデータ分析のための手法を明治学院大学社会学部で勉強したいと考えている。

2 私はふと、「幸福とは一体なんだろう」と考えることがある。私の生活を振り返ってみると、身近に起こる些細な出来事に幸福を感じることが多いように思う。また、バングラデシュへの支援活動を通じて自身の恵まれた生活環境を再認識した。朝起きて家族がいる幸せ、友達と笑って話せる幸せ、学校で学べる幸せ、部活動で目標を達成できたときの幸せ、後輩が自分を頼ってくれた時の幸せ、自分にとって直接的な利益がなくても、家族や友達が幸福を感じているのを見て、私自身が幸福感

を得ることもある。些細な幸せは、例をあげると切りがない。

3 こうした感覚について、ある学者は若者が身近なことに幸福を感じるのは自尊心の低下であると主張する。これは、自立意識の停滞に関係がある。若者が身近なことに幸福感を持ち、生活を満足させているのは、日本の将来に過大な期待をしておらず、国や社会、団体としての大きな幸福を求めていないからだと言う学者もいる。このように幸福に対するさまざまな意見が存在する中で、現代に生きる人々のリアルな「幸福」とは一体何なのかを探りたい。貴学での学びを通して、幸福について探究をし、これからの時代が求める社会構成や、幸福感のある社会問題解決の立案を可能にしたい。そして、私が所属する演劇部での探究活動で養ってきた問題発見・解決能力をさらに高め、人々の幸福を創り、支える人間として成長したい。

4 そのためには社会調査、フィールドワークに加え、幸福「感」は人の心から生まれるものだということを意識した学びを得たい。幸福の発生には対人関係に対する社会環境が影響を与える。心を覗くには他者を見つめなければならないというのが私の思うところである。貴学はまさにその両者を兼ね備えた学びの場であるといえる。たとえば、○○先生は対人関係についての社会差を明らかにした上で、その社会の要因を考察・検討している。私がこれから取り組みたい幸福感の分析の際に必要な観点を学び取ることができると感じている。また、社会調査実習や表現演習、質的データ分析といった授業を通して自らの足で現場に行き、情報を集め、社会を分析する力を高めたい。

[アドミッション・ポリシー]

社会学部社会学科は、社会学部の「入学者の受入れに関する方針」に基づき、社会学科の定める「人材養成上の目的・教育目標」に照らして、社会学科の「卒業の認定・学位授与に関する方針」および「教育課程の編成および実施に関する方針」に沿って、次のとおり「入学者の受入れに関する方針」を定める。

1. 求める人材像
　1. 社会学科における学びに取り組む上で、知識・技能、思考力・判断力・表現力等において、高等学校等で修得すべき基礎的な能力を身につけている。
　2. 本学の教育理念である"Do for Others（他者への貢献）"および社会学科の教育方針や教育目標に興味と関心を持ち、社会学の主体的な学びを通して共生社会の担い手となる意欲をもっている。
　3. 論理的・批判的考察の資質を有し、社会を反省的に見て、自ら課題を発見する力を磨く意欲をもつ。

2. 入学者選抜の基本方針
　上記「求める人材像」に掲げる基礎的な能力、意欲および資質をもっているか否かを評価する。

〔明治学院大学ウェブサイトより引用　https://www.meijigakuin.ac.jp/academics/faculty/sociology/sociology.html〕

志望理由を考えるプロセスを見てみよう

　彼女の志望理由書の段落構成を14項目と照らし合わせながら整理すると、次のようになります。

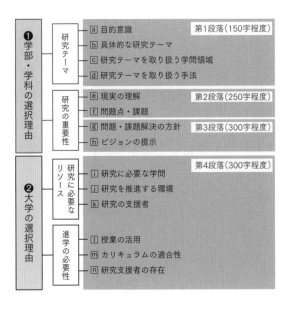

　まずは「研究テーマ」。

　私は現代に生きる人々の「幸福感」を解き明かすために必要な社会学やデータ分析のための手法を明治学院大学社会学部で勉強したいと考えている。

　研究したいことや問いを、できる限り具体的に示そうとして

います。曖昧に表現をすればするほど、読み手には何を研究したいのかがわからなくなります。特に、研究したいことは、最初の段落にきます。文章の第1段落というのは、基本的にサマリー（要約）ですから、最初の段落に言いたいことが詰まっていると読みやすい。だから、はっきりと具体的に書きましょう。また、目的意識をはっきりさせています。誰のために、何のためにその研究をしたいのか、ということを示しています。

なお、「幸福感」「現代に生きる人々」というワードは、もう少し深めれば言語化できそうですが、これは学問領域によって判断が分かれそうな気がします。たとえば工学・地域創生・教育・医療といった分野は、具体的なモノや人を介して研究活動を行いますから、より具体的になります。一方、経済学や哲学や社会学など、マクロな視点や抽象度の高い学問領域の場合は、なかなか具体的に落とし込めないこともあります。だから、一概に「具体的に示せ」とは言い難いところです。

こうしたことは、志望理由を丁寧に考えていくことによって深まり、素直に示せるようになります。志をもって、「どんな未来をつくるか」や「どんな問題をどう解決するか」という内容は固まっているはずです。

では、この例ではその目標をどう立てたのか。最初の段落にその話を記しています。次の部分です。

いったい幸福を感じる要因とは何だろうか。残念ながら我々はこれからの未来に過大な期待が抱けず、不安の中で

> 生きている。しかし、そうした中でも「幸福感ある未来」
> は必ず描けると信じたい。

　次は「研究の重要性」。彼女のこの段落の書き出しは以下の
通りでした。

> 私はふと、「幸福とは一体なんだろう」と考えることがある。

　参考に、この動機にいたった顛末（てんまつ）をお話しします。
　彼女は部活動をしていて、高校 2 年生までずっと裏方で活躍
をしてきましたが、思うところがあり、3 年生になってレギュ
ラーを目指してオーディションを受け、その座を勝ち取りまし
た。しかし、受験勉強があり塾に通っていたので、あまり部活
に行けなかった。そのときに、部内で彼女の親友が「あなたは
練習しに来ないんだから、レギュラーはやっちゃダメなのよ。
どっちがレギュラーとしてふさわしいか、もう 1 回考えてもら
いましょう」と言い始め、彼女は悲しい思いを抱きました。複
雑な思いを抱いたことでしょう。そうしたことがありつつ、彼
女は健気（けなげ）に「部屋に雑貨を置いていれば幸せだ」と私に語るの
です。そこで、彼女は「幸せとは何か」と考え始めたのです。
　幸せとは何かと考えていくと、幸せのきっかけがたくさんあ
ることに気づきます。様々な幸せを探りに、色々な人に話を聞き
にいきました。文献も読み漁りました。彼女は、もっと探ろ
うと幸福を考える学問に寄っていきます。志望していたのが社

会学部だったので、社会学で「幸せ」はどう定義するのだろうと調べ始めました。

すると、学者によって、「幸せ」の捉え方、その要因が違うのだと気づきました。学術の世界でも答えが出ていないことです。

この過程を整理すると、彼女は正攻法（102ページ）で問いを探ったことがわかります。「幸せとは何か」という小さな興味関心をもとに問いを立て、仮説として「何か身近なものだ」と考え、調査したわけです。けれど、研究者の考えていることを調べたら「違う解答だった」。この過程で少しずつ興味関心が熱を帯びていったことを、私はいまでも忘れられません。私は彼女に様々な書籍や論文を読んでもらい、彼女の調査の方法をともに考えながら、内容を共有し、日々接してきました。そうして、ここで一旦の解が出ました。「結局わからない」。探究をしながら、問いを追い続けたわけです。

第2段落を書くときに、その探究のサイクルをどう回したのか、様子がわかるようにしています。探究の過程では、Googleや体験ベースで調べるところからスタートし、書籍や論文をもとに、学問に寄せていく流れを汲んでいますので、それが見えるように表現しています。

ただ、それだけでは足りません。つくりたい未来、ビジョンを描くことまで必要です。この研究が、どう社会に役立つのかまでしっかり考え抜いてほしいです。その点は次の部分に記さ

れています。

> 貴学での学びを通して、幸福について探究をし、これから
> の時代が求める社会構成や、幸福感のある社会問題解決の
> 立案を可能にしたい。

　このように、自分が実現したいことだけではなく、自分の研
究したことがどう社会の役に立つのかまでしっかり考え抜いて
示してください。「研究テーマ」「研究の重要性」を丁寧に示す
と、なぜその学部・学科に行きたいのかが明確になります。

　そして、彼女は大学の選択理由を考えていきました。
　まず、「研究に必要なリソース」を整理しました。第4段落
の冒頭に記しています。

> そのためには社会調査、フィールドワークに加え、幸福「感」
> は人の心から生まれるものだということを意識した学びを
> 得たい。幸福の発生には対人関係に対する社会環境が影響
> を与える。心を覗くには他者を見つめなければならないと
> いうのが私の思うところである。

　この「研究に必要なリソース」の部分では、本気で学問に取
り組みたいのか否かが判定しやすいものです。ありがちなのは、
大学のパンフレットの内容をそのまま抜き出したり、科目名や

学問の名称をとりあえず記したりするケースです。しかし、それでは自分の身体を通した言葉として語られていませんから、その思考の粗雑さに疑問を抱かざるを得ません。私が採点者ならそもそも書類選考落ちにしたくなりますが、仮に面接試験になったとしても「これはどういう授業なの？」「パンフレットの内容を書き写しただけみたいだけど、これはどういう意味？」と容赦なく突っ込みを入れると思います。

　本気で研究したい人は、責任をもってこの部分を丁寧に記すはずです。ここでは思考の積み重ねを、自分自身の言葉で書き起こす。それは文章として書き起こすのではなくて、いままで学んできたこと、これから学ぶことについて腑に落ちた状態で書くことがとても大事です。自分がいま解決できないから、大学でこういった学問を学ぶと解決できるのではないか、ということがここで整理できればいいのです。

　最後に「進学の必要性」。なぜ志望校への進学が必要なのかを語ります。「研究に必要なリソース」が、志望校ならば全部揃います、だから入学させてほしい、というストーリーを述べます。第4段落の中盤くらいから、このように示しています。

　貴学はまさにその両者を兼ね備えた学びの場であるといえる。たとえば、○○先生は……

というふうに、ときには授業科目の名前、先生の名前を挙げ

たりしながら、こういったことが学べますということを筋道立
てて述べていきます。

　具体的に教員名を挙げるかどうかは考える余地があります。
入学後もその先生が在籍することがわかっているならば示し、
そうではない場合は研究室やゼミナールの名称に留めればよい
のではないでしょうか。在籍するかどうかについては、オープ
ンキャンパス等で確認してみるといいでしょう。

アドミッション・ポリシーとの照合

　アドミッション・ポリシーと照らし合わせると、素朴な研究
テーマでありながら、それを満たす思考を経てきていることが
よくわかります。

　彼女は幸福感とは何か、その幸福感は多様で、さまざまな葛
藤が渦巻くことも理解しています。また、その「幸福感とは何
か」という問いに直感的に気づき、深く理解しようと試みなが
ら、自己の課題として引き受けている姿もわかります。そして、
発見し追究した事柄を具体的な他者を前に、自分の言葉で表現
しようと試みています。この時点で、アドミッション・ポリシー
をクリアしているように読み取れます。

　一方、「求める人材像」を見てみると、「高等学校等で修得す
べき基礎的な能力」は調査書で確認することになります。
「本学の教育理念である "Do for Others（他者への貢献）" および社
会学科の教育方針や教育目標に興味と関心を持ち、社会学の主
体的な学びを通して共生社会の担い手となる意欲」についても、

教育方針自体の記述はないですが、研究を通して「Do for Others（他者への貢献）」を志そうとしていることがよくわかります。

「社会を反省的に見て、自ら課題を発見する力」についても、社会学の先行論文から読み取ろうとする知的好奇心や探究心を示しつつ、経験をもとにした研究プロジェクトの立案をしています。漠然と思い描く未来像を目指し、課題を見出し、努力したいと感じていることが伝わります。

どんな人が合格するか

彼女が抱いた「幸せとは何か」という問いは、身近で、些細なものです。普段の生活でふと感じたものに違いありません。しかし、それでも探究キーワードになります。たしかに、三手先が見えてしまうような「知」を知るための問いにも見えますし、他の視点をもてば解答が出てきそうだという反論も考えられます。私も、もっと時間があれば色々調査や実験ができただろうとか、社会学部縛りでなければ色々面白い展開もあっただろうと思います。しかし、出願までの時間の制約があって、それが叶いませんでした。そうした中でも、彼女は「幸せ」というキーワードは手放しませんでした。それだけ大切にしたいものだった、ということです。私はそういう思いを大事にしたいです。

ときに、私の指導を受けた高校生が大学に入って、学びを放棄する人間に変貌することがあります。しかし、彼女は今でも

社会学の世界で「幸せ」について、仲間と語らっているそうです。志望理由書で考えてきた問いを、長く大切にできるような人になってほしいと願っています。

Needs、Wants、Seeds

　問いを定めるとき、まず「Needs（人々が求める機能）」「Wants（人々が求める機能以外の付加価値）」とは何かを意識するところから始めるという方法があります。つまり、キミが取り組もうとしていることは社会からの要請に沿うものなのか、という視点をもって問いを見つめましょう、ということです。なお、それぞれ顕在化しているもの（目に見えるもの）、潜在的なもの（見えないもの）があります。

　ただ、この領域は既存の世界を見つめ、それを法則化・定型化することには変わりなく、思いもつかなかった世界を見出すことを指向しているわけではありません。メタルーブリックでいう分析・論理思考（70ページ）の領域にすぎません。

　一方、「Seeds（新しい知を生み出す種）」を探るという視点があります。「Needs」「Wants」を探ってから「Seeds」を探るもよし、論文等を読んだうえで「Seeds」を探ることもあり得ます。まさにこの領域は最先端（フロンティア）です。いかに意味のある研究を生むのか、新しい研究を生み出すか、その戦略や戦術を発明することが大切です。

　ただし、「Needs」「Wants」「Seeds」はマーケティングの世界の言葉ゆえに、消費文化や資本主義、損得という世界で語る流れになりやすいという弱点があります。そうした文脈では語れない研究分野もありますから、注意が必要です。

　私の知人は「Seeds」をもとにした新しい研究を「『役立つ』から『意味がある』への転換」と述べています。そして、彼は「意味がある」という意味の発明が本当に難しく、サイエンス（科学）ではなくアートの世界が必要だと指摘しており、その視座をもつための思考法を模索すべきだといいます。要は、見通しのない問い（「知」を生み出すための問い）をもつには分析・論理思考だけでは足りず、批判・創造思考が欠かせないということを述べているといえます。

　その点において、研究者の論文だけを読んでいても、最先端の研究テーマはつかめないものです。研究者がどういう世界で思考しているのかを、同じ空気を感じながら、内側から溢れ出る問いを待つことが大事なのではないかと思っています。それが大学という研究機関で学ぶことの意義ではないでしょうか。

ここに注目してほしい

　大学の志望理由として「学部・学科をなぜ第一志望にしたのでしょうか」と問われており、以下の4点を示すように要求されています。

　❶ その学問分野に興味をもったきっかけ

　❷ 志望する学部学科で何を学びたいか

　❸ 教育理念のもとでどう学びたいか

　❹ 目指す将来像

　要求項目が細分化されているケースです。

---

　1 30年後の未来、AIの知能は人間の能力を追い越すと言われている。しかし、知識・技能の領域でAIと同じ土俵で勝負をしようとしても、負けてしまうだろう。今の学校教育のままで本当に大丈夫なのだろうか。私が12年間受けてきた教育を振り返り、その様な疑問を抱いたことが大きなきっかけである。今までの国語教育では集団授業、一方通行、教科書内容を終わらせることを重視している様子が見られた。しかし、本来ならば子どもたちが日本語を駆使して思考し、自己表現し、他者を理解し、対話するために教育を施すべきではないだろうか。私はこうした国語教育に違和感を覚えるとともに、新たな国語教育の姿をつくり上げたいと考えた。

　2 現状の板書中心の授業は知識・技能を習得するのには効率

的だと考えている先生も多いだろう。しかし、板書をノートに写す過程で、生徒はどれだけ思考しているのだろうと考えると、疑問を抱かざるを得ない。思考していたとしても、授業内容をそのまま覚えようとして授業に臨むのが当然のようになっているから、批判的かつ、創造的な思考を発動させることは少ない。私は読書習慣があり、その影響で国語が最も好きな教科であるが、こうした現状を見ると、はたしてこうした国語教育で良いのだろうかと、疑問を抱くことがある。よって、貴学国語教育学科では、物事を批判的に捉え、創造的な思考を育む国語教育のありかたを考えたい。たとえば、○○先生が研究なさっている「主体的・対話的な学びを促進する国語教育」は、私にとって非常に興味深いテーマである。どうやって国語教育の世界で探究的な学びを行うのか、ということを学びたい。知識・技能を評価するために行ってきたテストでは、こうした「主体的・対話的な学び」を評価するのは難しいので、そうした評価の手法も学んでいきたい。

③ 玉川大学に根付く「全人教育」に私は共感している。知識・技能が備わっていても、人格を育まない教育は、真・善・美・聖・健・富すべてを調和しながら人間をつくる教育とは程遠い。また、「個性尊重の教育」「反対の合一」という学びの捉え方も興味深かった。玉川大学での学びは、自然豊かな環境を含め、すべてが私に多大な影響を与えるものである。自分には無限の可能性があるということを慈しむこと。これが、「反対の合一」の意味だと考えている。玉川大学という豊かな学び

舎で自己を発見し、未来への成長とつなげることが、「個性尊重の教育」と言えるのではないか。私はそうした学びを自らの中へ取り込み、それを教育の世界へ反映したい。国語教育の世界でも、全人教育は展開できるはずである。そして、貴学国語教育学科での学びを経て、教育活動を通して次世代へと引き継ぎたいと考えている。

4 私は、子どもたちの未来をつくる国語教員を目指している。未知なる生徒たちに必要なのは、受験や教科書内容の消化のための知識・技能を習得することではない。国語で取り扱うテーマを軸に、自己を見つめ、社会を批判的に捉え、自然を慈しみ、美しさを通して異次元へと導き、聖人の教えを学び、健やかな人格を形成する、これらのことを生涯考え抜く力を養うことが大切なのではないか。つまり、学び続ける人を育むことが、私が目指す国語教員の姿である。そして、国語の力を通して、人生を自らの力で切り開く子どもたちを育みたい。最近では「AIが仕事を奪う」「グローバル化により日本人の仕事が奪われる」ということが叫ばれている。しかし、そうした否定的な捉え方ではなく、たとえばAIとどう向き合うか、グローバル化の中でいかに自分の価値を見いだせるかという肯定的な人生設計ができるような次世代の人間を育むことが、私の理想である。

[アドミッション・ポリシー]

　国際社会の一員であるとの自覚をもち、国際的なコミュニケーションに対応する日本語運用能力を主体的に身に付け、社会の多様な場面に的確に対応しつつ国語教育を実践できる人材、積極的に社会に貢献できる人材を養成することを目指している。そのために、国語教育学科ではアドミッション・ポリシーを以下のように設定する。

① 高等学校で学習する教科内容について（古文・漢文を含む）、高等学校卒業程度の学力を有していることを成績および入学試験で示すことができる。

② 日本語の基礎的な運用能力を身に付けていることを成績、入学試験、あるいは日本語運用能力に関する外部検定試験で示すことができる。

③ 自分で情報を集め、自分で考え、それを表現するという経験を有しているとともに、批判的読解力・論理的思考力・表現力への関心を持ち、それらを身に付ける意欲を有していることをプレゼンテーションなどによって示すことができる。

④ 本学科での学びを活かし、卒業後に国語教育や他の分野で貢献する意欲を表現することができる。

〔玉川大学文学部ウェブサイトより引用　https://www.tamagawa.ac.jp/college_of_humanities/policy/index.html#anc01〕

志望理由を考えるプロセスを見てみよう

　今回の志望理由書は、条件として4項目を入れるように指定されています。❶がその学問分野に興味をもったきっかけ。❷は志望する学部学科で何を学びたいか。❸がその大学の教育理念のもとでどう学びたいか。❹が目指す将来像。

　❸は「教育理念のもと」という要件が含まれているので、注

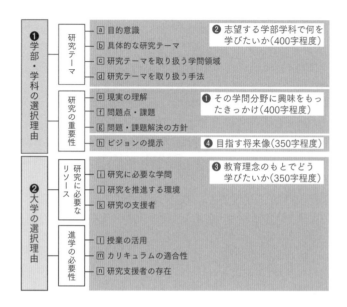

意が必要です。

　彼はもともと教員志望でした。読書が好きだという理由から、国語教育の世界に入ろうとします。まずは小さな興味関心から、研究テーマとその重要性を考えていくことにしました。彼がもともと考えていたのは「いまの学校教育は、暗記をして、テストで点数を取ることが目的となっているのではないか」という疑問でした。

　その背景には、AIが人間を追い越すシンギュラリティ（49ページ）があります。AIに勝つためには何が必要なのかについて、言葉を使って考え、表現し、他者を理解して対応するということが大切なのではないか、だけどそれがうまくいっていないように見える、と考えました。

　彼はそういう疑問を抱きながら、オープンキャンパスで先生と話をし、模擬授業を受けることにしました。その中で、自分が受けている教育に対して、さらに問いを深めました。探究をしていく過程で、「AI時代を生き抜くための最先端の教育とはどういうものだろうか」と考えました。そして、それは対話をする教育、思考して自己表現する教育なのだ、と気づいたのです。新しい国語教育を生むときに「これからの時代に必要だと思われることは何か」をしっかりと考え抜きました。

　次に、こういった教育をつくり上げるために何を学ぶべきかを、彼は語り始めます。知識・技能を身につけるのはもちろんですが、「新しいものを生みだす教育とはどういうものか」「いまやっている教育を批判的に捉える機会はあるか」と考えたのです。だから、国語教育学科では「物事を批判的に捉えて、創造的な思考をどう国語教育の中で育むのか」ということを探究したいと望みました。そして、それができるのが国語教育学科だったと述べています。

　一方、❸が少々特殊です。玉川大学の教育理念である「全人教育」というものです。

[教 育 理 念]

　創立以来「全人教育」を教育理念の中心として、人間形成には真・善・美・聖・健・富の6つの価値を調和的に創造することを教育の理想としています。その理想を実現するため12の教育信条-全人教育、個性尊重、自学自律、能率高き教育、学的根拠に立てる教育、自然の尊重、師

弟間の温情、労作教育、反対の合一、第二里行者と人生の開拓者、24時間の教育、国際教育を掲げた教育活動を行っています。

　教育理念の中心となる「全人教育」と、大学で学びたいことを結びつけることが求められています。特色のある教育理念なので、その理念に同意しているのかを尋ねたいという意図は当然のことだと思います。ここで彼は「この大学での学びは自分にとって無限の可能性を与えてくれる」「理念に共感できる」ということをかなり丁寧に説明しました。

　❹は目指す将来像を示しています。将来、どのような教育を展開したいのかを書きます。学校の先生を目指す人の中には、「国語が好きだから、国語の先生になります」とか、「部活動の顧問をやりたいから、学校の先生になります」という人が多いものですし、それを否定するつもりはありません。けれど、自分が専攻しようとしている国語教育学での研究の成果を、教育の現場でどう活かそうとしているのか、どういう未来をつくるのか、教育の本質に迫ることを語れると、彼のように頼もしさが表れる文章になるのではないでしょうか。

アドミッション・ポリシーとの照合

　彼の記述から、「国際社会の一員であるとの自覚をもち、国際的なコミュニケーションに対応する日本語運用能力を主体的に身に付け」ようという人であり、「社会の多様な場面に的確

に対応しつつ国語教育を実践できる人材」だということがよく
わかります。

「①高等学校で学習する教科内容について（古文・漢文を含む）、
高等学校卒業程度の学力を有していること」は調査書で確認さ
れます。「②日本語の基礎的な運用能力を身に付けていること」
は、成績と出願書類、外部検定試験の成績で証明します。「③
自分で情報を集め、自分で考え、それを表現するという経験を
有しているとともに、批判的読解力・論理的思考力・表現力へ
の関心を持ち、それらを身に付ける意欲を有していること」は、
この志望理由で十分に示すことができています。「④本学科で
の学びを活かし、卒業後に国語教育や他の分野で貢献する意欲」
も、「目指す将来像」で存分にアピールすることができています。

どんな人が合格するか

　彼は教員になりたいという思いを抱いていました。そして、
もともとは「部活動の顧問になって、高校生を育成したい」と
願っていました。しかし、彼は考えたのです。「未来を生きる
高校生を育むために、自分はどういう教育者になるべきなのだ
ろうか」と、自らに問いました。AIの進化やシンギュラリティ、
教育改革、新しい教育の在り方など、色々調べ学習を重ねまし
た。そして、自分がもつ知識を更新し続けました。

　哲学者のソクラテスは、自らが無知であることを自覚するこ
とが真の認識に至るのだと述べ、「無知の知」を説きました。
彼はそれを自覚し、さらに現実を知ろう、知を得ようとしたと

ころが素晴らしいと思いました。アメリカの心理学者であるエリザベス・クラムレイ・マンカソ氏は「知的謙遜（「間違いは起こるものだ」「自分の知識は限られている」ということを冷静に、オープンに受け入れられること）」について研究しています。すると、知的謙遜をもつ人は知識が多いことがわかったのだそうです。「自分が知らないことを知って、認めることは、新たな知を得る第一歩だ」とマンカソ氏は説きます。この志望理由書を書いた彼はまさに知的謙遜から学びを深め、少しずつ熱意を育んできたといえます。私と出会ったときと比べて、出願するときの彼の教育に対する熱意は遥かに高く、頼もしく見えました。

「情熱を探す」か、「情熱を育む」か

「やりたいことが見つからない」という高校生に出会うことがしばしばあります。この類の問いかけに、私は頭を悩ませてきました。どうすればそれが見つかるのだろうか、どうやったら情熱をもって取り組んでくれるのだろうか。日々悩んできました。

「まずは行動せよ」「自分の感情に従おう」と答えていた時期もありますが、最近は「情熱を育もう」と答えています。それはブラッド・スタルバーグ氏とスティーブ・マグネス氏が著した『The Passion Paradox』を読んでからです（ぜひ原典を読んでほしいです）。

人は情熱を傾けられるほどの出会いを探したがりますが（この状態を「情熱を探す」といいます）、そうでもないこともあります。「やりたいことが見つからない」という人は、情熱を探しているにすぎません。この状態で大学に入学して「やりたいことを見つけたい」と思ってもなかなか見つけられないということはよくあることです。

84ページのドゥエック氏が示すマインドセットの話と照らし合わせると、Fixed Mindsetをもつ人々は直感で情熱をもてるものが得られると信じやすく、Growth Mindsetをもつ人々は与えられた環境の中で情熱を育むことを重視しやすいとのことです。そして、どちらでも情熱を得ることができるという調査結果があるそうです。

だから、情熱を傾けられる探究キーワードを探し続けること以外に、些細な興味関心から育んでもよいということです。情熱は育めばよいのです。高尚な志は最初からなくてもいい。自分が興味をもったり関心がもてたりすることをもとに、育てていけばよいのです。もしそれが合わなければ、別のことに取り組めばよいだけです。

こうやって、自分の人生をつくりあげていく「キャリアクラフティング」ができるといいですね。情熱を育てながら、壁や困難を越え、時間をかけて人生や未来や最高善（higher good）をつくりあげていく。そういう未来のつくり方も素敵ですね。

そして、情熱を育むのであれば、私を含めた他者が手伝えることがあります。応援したり、学びの機会を提供したりできます。まさに彼ともそういう関係を保ってきました。情熱を一緒に育んでいける人を、ぜひ探してみてください。身の回りにいるかもしれません。

ここに注目してほしい

　志望理由書として「入学後に学びたいことや、取り組みたいことを含め、本学の学科・専攻・課程を志望する理由を600字以内で述べてください」と問われています。制限字数が比較的少ないので、言葉を慎重に選び、内容を圧縮しながら述べる必要があります。

---

1 現在、日本各地で魚の養殖が進められているが、環境への配慮がまだまだ足りていない。大学では生物生産学を中心として、環境にも配慮した環境保全型陸上養殖技術を研究し、日本の漁獲高を安定させたい。

2 私がこう考えた理由は、小学校の頃に真鯛の養殖施設に行ったことによる。特に気がかりだったのは、魚が食べ残した餌による汚染だ。たとえば、プランクトンの異常増殖を引き起こし赤潮の原因となり深刻な問題である。また、陸と海が入り組んだ海流の穏やかな入江で養殖されることが多く、海流により浄化作用が効きにくくなっている。今日では、環境に良い餌の改良が進んでいる。だが、養殖では生の魚を混ぜるため、知らず知らずのうちに海が汚れてしまっている。しかし、餌の改良には限界がある。だから、環境への負荷をコントロールしやすい陸上完全養殖が不可欠であるため、屋内養殖設備の改良策を生み出さなければならない。私には、その基礎となる水族養

殖学や餌料栄養学を研究する場が必要だ。

3 東海大学海洋学部水産学科生物生産学専攻で学ぶことが最適であると考えたのは、こうした分野における専門家からの教えを乞えるからだ。たとえば水族養殖分野を専門とする○○教授より、環境に配慮した養殖学・餌料栄養学を学ぶことができる。私が入学した暁には、貴学において主体的に学び将来的に環境に配慮した養殖手段を生み出していこうと考えている。

[アドミッション・ポリシー]

《求める学生像》

海洋学部水産学科の教育目標を理解し、この目標を達成するために自ら学ぶ意欲をもった人材。及び、ディプロマ・ポリシーで求められている能力を、身につけられると期待できる基礎学力を十分有する人材。

《入学者にもとめる知識・技能・思考力・判断力・表現力・態度》

(I) 知識・技能

英語では、高校での英語の科目の履修を通して英語の文章理解力、表現力、コミュニケーション能力を身につけておくことが望ましい。

数学では、高校での数学の科目の履修を通して公式や計算方法を理解した上で、それらを応用できる能力を身につけておくことが望ましい。

理科では、高校での理科(物理、化学、生物、地学)の科目の中から数科目を選択し、個々の項目の内容を理解していることが望ましい。

国語では、読解、文章作成を行う上での文構成の理解技能と表現

力を身につけておくことが望ましい。

　社会では、理系の学問を学ぶ上で必要な文化的な知識を幅広く理解していることが望ましい。

⑵　思考力・判断力・表現力

　水生生物を生物資源として持続的に活用するために、多様な水生生物についての科学的な基礎知識と水生生物の保護・育成・食品への利活用、水圏環境の保全などの広範な科学の知識を総合的に思考し判断・表現できる力が期待できること。

⑶　主体性を持って多様な人々と協働して学ぶ態度

　多様な価値観や立場・役割を理解し、自らが社会の一員であることを認識し、水圏環境システムや食品が有するさまざまな課題に対して主体的に取り組むことが期待できること。

〔東海大学ウェブサイトより引用　https://www.u-tokai.ac.jp/ud-marine-science-and-technology/dpt-fisheries/educationpolicy/〕

志望理由を考えるプロセスを見てみよう

　東海大学の志望理由書は制限字数が600字と少ないため、3段落程度にまとめています。「研究の重要性」については手厚く論じ、問題点を丁寧に示そうとしていることがわかります。

　彼はもともと釣り好きでした。その彼が、小学校のときに真鯛の養殖施設に行き、餌による水質汚染に対して疑問を抱くところから探究が始まりました。そして、海流による浄化の難しさ、餌の改良の限界という解決しがたい課題が見えてきました。そして、「環境への負荷をコントロールするにはどうすればい

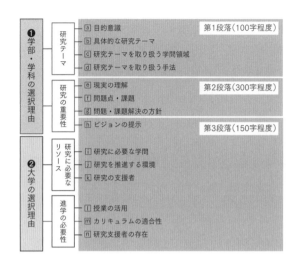

いのか」という見通しの立たない問いを見出します。そして、解決のためには陸上完全養殖を採用すべきではないか、と考えました。ただ、陸上完全養殖の施設をどうつくるのかが難しく、その実現のための方法を研究したいと望んだわけです。制限字数が多かろうと少なかろうと、問いを立て、仮説を立て、仮の答えを考え、新たな問いを立てる、という探究のサイクルを回すことは同様です。「知」を生み出すための問いをもつまで一気に駆け上がってきた彼の姿を目の当たりにし、日々の成長に感動したことを覚えています。

　なお、「研究に必要なリソース」「進学の必要性」は第3段落にコンパクトにまとめています。その際、後者については「授業の活用」「カリキュラムの適合性」「研究支援者の存在」をすべて盛り込むことが難しく、「研究支援者の存在」をアピール

することを優先しました。この先生は環境に配慮した養殖学や餌料栄養学を専門としており、そのもとで、サスティナブルな（維持できる）養殖手段を生み出せるのではないかと考えた次第です。

アドミッション・ポリシーとの照合

水族養殖学や餌料栄養学を専攻したい旨が、根拠とともに示されていることから、「多様な水生生物についての科学的な基礎知識」と「広範な科学の知識」を統合的に思考し、判断・表現する力が期待できる人物だと読み取れます。

基礎学力については調査書によって確認すると思われます。

多様な価値観や立場・役割を理解し、水圏環境システムが有する課題に対して主体的に取り組むことへの期待については、志望理由書においてその様子が窺える内容となっています。

また、養殖技術や餌に関する探究を通し、物事に対して挑戦的に取り組む様子が伝わります。

どんな人が合格するか

彼は「釣り」という身近な世界で環境汚染の現実を知り、これからどのように解決するのか、研究への意欲を表現できています。彼のように、自分の趣味や特技を起点に熱量を育んでもかまいません。どういう研究テーマであっても、そこで得られた「知」には他者や社会との関連性を見出せるものです。どう

いったものでも学問や研究と結びつけられます。

　研究の内容は、制限字数の都合により具体的に書かれておら
ず残念ですが、彼が水族養殖学や餌料栄養学という専攻を究め
たいという意欲をもっていることは十分に伝わります。自ら学
ぶ意欲をもっている人は尊敬に値しますね。

ここに注目してほしい

　志望理由書として「志望理由、入学後の抱負など」を400字以内で記すように要求されています。この大学は制限字数がかなり少ないことが特徴です。字数が少ない中で、14項目をどう満たすのかが腕の見せ所です。

---

1 ある文化が台頭すると批判的視点が向けられ、カウンターカルチャーが生じる。しかし、昨今ではこうしたカウンターカルチャーが、消費文化と化す事態が生じている。消費化したカウンターカルチャーがアートやデザインに及ぼす影響は、その娯楽化だと思う。人々が刺激を受け、考え方や価値観、生き方さえも変えてしまう、それがアートやデザインだ。それらの娯楽化は本来の在り方の喪失につながる。

2 この問題を解決するために、私はヴィジュアルデザインの観点から、その方法を模索したい。ヴィジュアルデザインを学ぶことによって、人々とアートやデザインがどのようにつながってきたのか、またどのようにつながるべきなのかがわかるだろう。それらを学んだ上で、私は今一度アートやデザインと人の関係について考え、誰かの価値観を変え、生き方に刺激を与えるようなデザイナーになりたい。これを実現するため、私は貴学に進学を希望する。

[アドミッション・ポリシー]

　現代の社会が抱える様々な問題や文化産業活動にデザインの側面から解決策を提案し実践する能力を養成します。産業活動を工学的かつ表現的な視点から再編集し、新しい価値やグローバルなネットワークを生み出していくことができる総合的能力を備えた研究者、エンジニア、デザイナー、クリエイター、プロデューサー等の人材の育成を目指しています。特に「プロダクトデザイン分野」と「メディアアート分野」の両分野が相互に連関をとることで、エンジニアリングをベースにした新しい視点からのデザイン提案能力の育成に力を入れています。

《求める学生像》

Ⅰ　人とのコミュニケーションを大切にするダイナミックな行動力のある人

Ⅱ　デザイン、システム、社会に対して、豊かな感性をもって幅広い視野で捉えることに興味を持っている人

Ⅲ　先進のデザイン学を学ぶために十分な数学や英語などの基礎学力を持っている人

《高等学校段階までに修得すべき学力・能力》

1　先進的なデザイン学の専門技術の修得に必要な数学、理科、語学の基礎学力

2　国際情勢を把握した上で自身の考えを世界に発信するための論理的な思考力

3　自身の考えを形で表現するための基礎的な造形表現力

4　主体性を持って多様な人々と協働する力

〔東京都立大学ウェブサイトより引用　https://www.tmu.ac.jp/entrance/faculty/admission_policy/system_design.html〕

志望理由を考えるプロセスを見てみよう

　400字の制限の中で、14項目をすべて満たすことは難しいので、「研究の重要性」の中でも肝となる問い、つまり「e 現実の理解」「f 問題点・課題」だけで第1段落を設けることにしました。第2段落では「研究テーマ」「研究に必要なリソース」「進学の必要性」の内容をできるだけ統合することにしました。その際、具体的な科目名や研究室の名称を示すことは困難だと判断し、概要がわかる程度に抽象化しました。

　字数が少ないときはある程度の割り切りが必要ですが、少なくとも「研究テーマ」「研究の重要性」「研究に必要なリソース」「進学の必要性」の4点は落とさないように論じました。

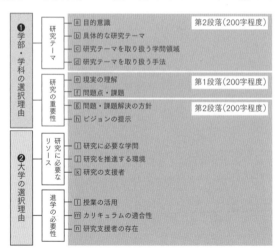

　彼女の探究のスタートは、アイドルが好きだ、というところからでした。まさに、興味関心から育んだ例です。一方で、も

ともとオープンキャンパスに出かけ、システムデザイン学部の
インダストリアルアート学科に関心をもっていました。工業デ
ザインに興味関心を抱いたそうです。

　まずはそのアイドルに興味をもったことについて、話を聞く
ことにしました。そのアイドルは可愛くて美しいことを売りに
する既存のアイドルとは異なりました。クールな印象を与える
楽曲やダンスが魅力となっていました。そのアイドルの 1st シ
ングルのプロモーションビデオの撮影地は渋谷。そのとき、「カ
ウンターカルチャー」という言葉が思い浮かびました。主流と
なっている社会の価値観と大きく異なる文化のことです。まさ
に渋谷はカウンターカルチャーの街でした。

　そのとき、疑問を抱きました。カウンターカルチャーは本来
ならば主流となる消費文化にはそぐわないはずなのに、いつの
間にか消費文化に取り込まれている。それはなぜだろう。

　そこで、カウンターカルチャーの歴史を見ることにしました。
最初はこれまでのアイドルの分析から始まり、消費文化ととも
に歩むアイドル史を学びました。ただ、時折その流れに反する
アイドルも登場し、カウンターカルチャーとして位置づけられ
る J-POP やロックやメタルやパンクもあったことを知ります。
それらはアート・デザインと結びつくことがわかりました。カ
ウンターカルチャーは我々を異次元の世界へ連れていくのだ、
それはまさにアートの醍醐味（だいごみ）ではないか、と。でも、それらは
娯楽化している現実もわかりました。

「アート・デザインとはなんのためにあるのか」「娯楽化した

アート・デザインは我々の文化や生活にどんな影響を与えるのか」、ということまでずっと突き詰めていきました。もし、本来の文化の在り方が喪失されるのであれば問題で、それを解決するにはどうすればよいか。もしかしたらその方法の一つとしてヴィジュアルデザインもあり得るのではないか。娯楽ではないインパクトの与え方や、文化・価値観を見直していくことができるのではないか、と彼女は考えたのです。デザインがアートを支えられるのではないか、と。人々とアートやデザインがどうつながっているのか、そしてどうつながるべきなのかはわからない。だから、その可能性を突き詰めたい。このように彼女は考えました。今回は400字なので余裕がほとんどありませんが、押さえるべきところは押さえています。また、彼女は大学でどう学びたいのか、どういった履修計画を立てるのかは具体的に描いていて、面接試験では問題なく答えることができました。

アドミッション・ポリシーとの照合

まず、彼女に基礎学力があることは、調査書と評定平均値で示すことができました。なおかつデザイン、システム、社会に対しての感性が高いことも志望理由書と面接試験で表現できました。「人とのコミュニケーションを大切にするダイナミックな行動力のある人」という点はこの志望理由書では見えず、面接試験で評価されたようです。「国際情勢を把握した上で自身の考えを世界に発信するための論理的な思考力」は志望理由書でカルチャーの変容を捉えて論じている点で表現できていま

す。表現力は造形表現の基礎能力の試験でも評価されました。

どんな人が合格するか

　彼女の「探究キーワード×学問」を示すとすると、「カウンターカルチャー×システムデザイン」です。ただ、前者は「アイドル」「渋谷」「カウンターカルチャー」「文化の娯楽化」と色々と変化しました。こういう探究キーワードの揺らぎは許容してよいですし、最終的にどれを究めるかは「どの情熱を育みたいか」で決めればよいと思います。彼女にとっては、文化が娯楽化し、消費文化と化すことに違和感を抱いたようです。彼女は自分が好きな「アイドル」という領域から探究を始め、その視野を拡張し、学びと結びつけることができました。言い換えると、自らの興味関心と学問とのマッチングのあり方を探究し続けた志望理由書だと言えるでしょう。

問いの質を高める①　近視眼的な視野を遠くに向ける ───────

　実は彼女と接しながら、私は「本人がもつまなざし」をどう広げるかを考えて、問いを投げかけ続けました。彼女は好きなアイドルの世界は楽しそうに語りました。しかし、せっかくならそのまなざしを外の世界に向けたい。彼女が好きな世界を拡張できるなら、その思いをもちながら学びに向かい合えるに違いないと思ったのです。

　ですから「そのアイドルを『文化』という視点で見たらどうだろうか」という投げかけをしました。「そのアイドルの起源は渋谷だから、渋谷の文化の特徴は何だろう」「渋谷川にはどういう歴史があるのだろう」「広告文化が育まれた公園通りの流れを追ってみよう」など、様々です。結局「アイドル」を起点とすると、その世界に留まってしまい、目先のアイデアに近視眼的になりがちです。だから、視座を遠くに向ける問いを投げかけました。「そもそもそのアイドルの存在意義は何なのだろうか」ということを問い直したのです。

　このように、本人たちがもつ問いの枠組みを補正し、今の見方とは違った見方をすることで、それらの意味や感情を変化させることをリフレーミングといいます。問いを立てる（102ページ）ときにも参考になる視点ですので、活用してみてください。

ここに注目してほしい

206ページの志望理由書と同様、東海大学の書式です。「入学後に学びたいことや、取り組みたいことを含め、本学の学科・専攻・課程を志望する理由を600字以内で述べてください」と問われていますが、こちらは文化社会学部のものです。人文学系学部志望者の悩みは「ビジョンが描きにくい」、つまり専攻で学ぶことが未来づくりと結びつきにくいという点です。そのあたりをどう乗り越えたのかを見てほしいです。

---

1 文章表現や映像表現は、受け手の感情にどのような影響を与えるのか。その鍵は、作品の制作過程や文芸批評の隙間に隠されている。貴学では文芸を通した表現に対する理解を深めつつ、我々が生きる世界における表現方法や手法のあり方を模索していきたい。

2 私たちは対象を見るとき、誰一人として同じ感情を持たない。人は都合よく見て、感じ、読み取り、解釈する。一方、情動を引き起こす要因は作者の表現に由来するものである。私が好んで読む小説やマンガといった作品鑑賞にも言える。彼らの表現が読み手にある種の共通認識を与え、時には共感者が結びつき、ムーブメントが起こることもある。

3 他方、私は作品の種類によって、感情形成の濃淡があると仮説を立てている。たとえば、漫画は文章と描画のわかりやす

さにより、感情が伝播しやすい。これに対して、純文学は受け手の創造的発想により、読者独自の感情を形成する。それぞれ感情が形成される要素や過程が異なるといえないか。

4 私は貴学文芸創作学科において、この仮説を解き明かすべく、特にサブカルチャーと文学との対比を通して、学問探究に励みたい。創造的発想を呼び起こす文芸作品とはどういうものか、という謎を解き明かす過程で、自らの審美眼と批評眼が磨かれていくことを期待する。将来は、文芸の世界での活躍を通して、人々の豊かな感情と創造的思考を育む支援ができるように尽力したい。

[教 育 研 究 上 の 目 的 及 び 養 成 す る 人 材 像]

　文化社会学部文芸創作学科の教育研究上の目的は、大学・学部の教育目的に沿って、文芸の創作と批評を通じ、

(1) 現代社会で通用する正確な言葉によって論理的かつクリエイティヴに個々の感性と経験を表現する力

(2) 人間と世界に関する情報や事象を柔軟かつクリティカルに読み取り、的確に分析し、本質を洞察する力

(3) 広く諸芸術を鑑賞して培った教養を未来に向かって総合的に生かしてゆく力、という三つの力を備えた人材を養成することです。

[ア ド ミ ッ シ ョ ン ・ ポ リ シ ー]

《求める学生像》

　文化社会学部文芸創作学科の教育目標を理解し、この目標を達成するために自ら学ぶ意欲をもった人材。及び、ディプロマ・ポリシーで求められている能力を、身につけられると期待できる基礎学力を十分有する

人材。

《入学者にもとめる知識・技能・思考力・判断力・表現力・態度》
(1) 知識・技能
　英語については、高校での英語の科目の履修を通して英語の文章理解力、表現力、コミュニケーション能力を身につけておくことが望ましい。
　国語については、高校での国語の履修通して日本語の文章理解力、表現力、コミュニケーション能力を身につけておくことが望ましい。
　社会については、高校での社会(世界史、日本史、地理、政治・経済、倫理、現代社会)の科目の中から数科目を選択し、個々の項目の内容を理解していることが望ましい。
　数学及び理科については、文系の学問を学ぶ上で必要な自然科学的な知識を幅広く理解していることが望ましい。

(2) 思考力・判断力・表現力
　文系の知識・技能を総合して応用できること、特に文学を含む芸術全般に対する深い理解を有してそれらを表現することが期待できること。

(3) 主体性を持って多様な人々と協働して学ぶ態度
　多様な価値観を理解し、友好的な人間関係を築くことができること、それらの力を優れた文学を含む芸術作品に接して会得できること。

〔東海大学ウェブサイトより引用　https://www.u-tokai.ac.jp/ud-cultural-and-social-studies/dpt-creative-writing/educationpolicy/〕

志望理由を考えるプロセスを見てみよう

　14項目を満たした段落構成ですが、「研究の重要性」を第2段落と第3段落に分けています。これは「対比」を明確にする

ためです。視点が比較しやすいように段落を分け、どういう点に違いがあるのかを把握しやすくしました。

　そもそも段落は意味のまとまりであり、段落の区切りは意味が変わるポイントです。そうした点を意識しながら文章にしました。

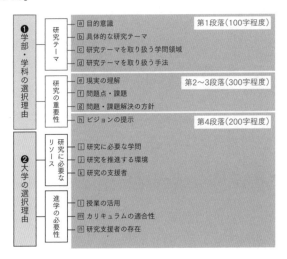

　彼女は漫画好きの家庭で育ち、一方で文学にも親しみをもっていました。そして、大学のオープンキャンパスに参加して、直感で「文芸創作学科が面白そうだ」と思ったのだそうですが、何を語ればいいのかで悩み、私のもとへやってきました。私は文芸創作学科を選択した意味を探ろうと、彼女に色々と語ってもらうところから始めました。

　そうしたところ、彼女は「漫画だと感情表現がストレートにわかるけれど、文芸作品はわからないことがある」と語り始め

ました。作品を生み出す過程や他者の作品批評から、感情を捉えることができるのではないか、というのです。そこで「表現の中で、作品が伝えたい感情や思いを探るにはどうすればよいのか」という問いを立て、探究を始めました。その過程で「同じ作品でも、自分というフィルターを通すと、芽生える感情にも差が出てくる」ということに気づきました。作品によって個々の感情がどう生まれるのか、「探究キーワード×学問」で示すと「文芸作品×サブカルチャー×文芸創作」というところにたどり着きました。そして、この問いをどう解き明かすのかを大学での研究テーマにしました。未来についても、具体的ではないですが、しっかり表現しています。

アドミッション・ポリシーとの照合

　文芸創作学科では、文芸の創作と批評を通じ、次の3つの力を備えた人材を養成することを教育目標としています。

　まず、文芸の創作と批評を通して「現代社会で通用する正確な言葉によって論理的かつクリエイティヴに個々の感性と経験を表現する力」は、この志望理由で表現できています。「人間と世界に関する情報や事象を柔軟かつクリティカルに読み取り、的確に分析し、本質を洞察する力」についても、作品による感情形成というのが、自分のフィルターを通して起こっているところなど、本質を見ようとしている姿がわかります。

「広く諸芸術を鑑賞して培った教養を未来に向かって総合的に生かしてゆく力」については、別途提出が求められた課題レポー

トで評価しているものと思われますが、志望理由でも彼女の文芸作品の捉え方を見れば、その片鱗がわかります。

どんな人が合格するか

　彼女は志望理由を考える過程で、一見、社会貢献とは結びつかなそうな文芸鑑賞や創作の世界が、実は社会と結びついているということを考え抜こうとしました。そして、大学で「審美眼と批評眼」を磨き、文芸の世界で活躍したいということ、その中で豊かな感情と創造的思考を育む支援をしていきたいということを示しています。文学は世界とつながる媒体ですから、作品に何らかの形で関わることにより、社会や文化、そこに根付く価値観や哲学に影響を与えることになります。しかし、文芸を消費するものや娯楽として狭く捉えてしまうと、その世界が見えなくなります。彼女は探究の過程で、その点に気づいたのです。

　社会に貢献しない学問や学びは一つもありません。自己のプロジェクトで完結するのか、世界とつながるプロジェクトに昇華するのかは、自分の心次第です。そうした気づきを得て成長した彼女は素晴らしいと思います。

問いの質を高める②　問いを小さく絞る　────────────────

　探究するときの問いを立てるポイントは「問いを小さく絞ること」とよく言われます。それは、絞り込まないと証明すること（論証）が難しくなるからです。ただ、「大きい」「小さい」というのはグラデーションがあるもので、どこまでが大きい、小さいとは一概に言い難い、というのが適切だと思います。

　たとえば、彼女の場合「文芸作品で未来をつくるにはどうすればよいのか」という問いを立ててもかまわないのですが、それだと捉えにくいので、彼女と対話をする中で「感情」というキーワードを拾い、「文芸作品に関わる『感情』で未来をつくるにはどうすればよいのか」という問いにしました。

　それでも検証が難しそうだったので、対話を続けました。彼女は「漫画だと感情が視覚でわかるのでポイントは一目瞭然だけれど、文芸作品だと色々解釈ができるから泣くツボがわからないことがある」と話してくれました。きっと、並行して取り組んでいた課題レポートが文芸批評だったので、そのときの学びがこういう発言を生んだのだと推測できます。そして「文芸作品が感情を生むプロセスは、作品ごとに異なるのではないか」という問いになったのです。

　このように問いを小さく絞り込んでいくと、たとえばCiNiiやGoogleで用いる単語が増えるので、検索しやすくなります。視点を絞り込んでいるので、文芸批評をするときにも、着眼点が明確で作品ごとの比較がしやすくなります。ですから、問いを立てるときは「具体的に検証しやすくなるくらいまで小さく絞り込む」というくらいの気のもちようでよいように思います。

　また、絞り込みをするときは、気になることを丁寧に言語化する過程が必要に思います。私は高校生と対話をしながら、頭の中で「彼女はどういうことが気になるのだろうか」と考えています。そのときのキーワードを洗い出し、「こういう問いはどうだろうか」とお互いに語り合います。問いは誰かから与えられるものではなく、自分の外なる世界と内なる世界との対話から生まれるものなのだと実感しています。

ここに注目してほしい

　医学部をはじめとした医療看護系学部では、従来から一般選抜（一般入試）においても志望理由書を提出することが求められてきました。倫理性が強く求められる現場ゆえに、書類選考や面接試験で人間性を見ようという意思の表れでもあります。

　「志願する理由を、できるだけ具体的に1000字以内で記入してください」という、制限が緩やかな設問です。医学部志望者の多くは臨床で活躍することを中心に述べがちですが、この志望理由書は基礎研究に着目していることが興味深い点です。

---

1 日々、医学は進歩していますが、難治性疾患の治療や、より効果的に作用し副作用の少ない医療、病気を未然に防ぐ予防医学が求められています。疾患の根本原因の解明が複雑化する中でそのような医療の実現には、基礎研究が必要不可欠です。私は、基礎研究の成果を臨床に応用するトランスレーショナルリサーチによって医療を進展させる担い手として、成長したいと考えています。

2 これまで、組織学や解剖学への興味から、臨床で見られる疾患や先端医療についての探究活動を行ってきました。細胞生化学や細胞生理学を通して、動物細胞レベルでの代謝や機能を、そして細胞同士のつながりを免疫学や神経生物学からの視点で学びました。その過程で、客観的な評価基準を策定するべ

く、統計学やバイオインフォマティクスも視野に入れながら活動を進めてきました。

3　しかしながら、トランスレーショナルリサーチにおいては基礎研究と臨床間の繋がりが薄いことが問題となっています。専門知識の習得にあたって、疾患を人間や臓器、組織という大きな括りで見る視点、患者の細胞レベルから判断する視点、たんぱく質やRNA、遺伝子レベルから見る視点を有することが欠かせません。

4　そのためには、基礎研究を知る人間が臨床側に移り、両者を知る者が主導してリサーチするための能力を養うことが欠かせません。多面的に疾患を見ることで多角的な判断が可能となり、疾患の根本原因の解明や治療における効果の発見につながります。そして、こうした多面的な視点で医学を極めることは、医師として成長する機会として適しています。貴学医学部には先端医療開発センターがあり、附属病院においてトランスレーショナルリサーチ部門が設置されています。恒常性制御学を専攻なさっている○○先生のもとで、とくに学童期を病院で過ごす子どもたちに対する質の高い医療を提供できるように、難治性疾患のリサーチを行いたいと望んでいます。それは、私が小児病棟ボランティアの経験があり、その必要性を強く感じているからです。学童期を病院で過ごす子どもが治療や疾患により大きな負担を感じている様子を目の当たりにしています。私は科学的な考察方法を用いて疾患の根本原因を解明するとともに、改善方法を探すことで医療の発展に貢献したいと考えて

います。

志望理由を考えるプロセスを見てみよう

　彼の志望理由書は標準的な4段落構成にしており、14項目を比較的丁寧に記しています。

　彼はもともと研究者志向が強い傾向にありました。特に生物学に興味を抱き、疾患や先端医療と細胞との関係性について探究活動を続けてきました。最初は「なぜ病気になるのだろうか」という問いから始め、そのころ生物の授業で学んだ「代謝」に関わる疾患を取り上げながら、問いを絞り込んでいきました。

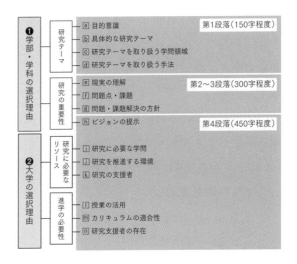

❶ 学部・学科の選択理由	研究テーマ	ⓐ 目的意識	第1段落（150字程度）
		ⓑ 具体的な研究テーマ	
		ⓒ 研究テーマを取り扱う学問領域	
		ⓓ 研究テーマを取り扱う手法	
	研究の重要性	ⓔ 現実の理解	第2〜3段落（300字程度）
		ⓕ 問題点・課題	
		ⓖ 問題・課題解決の方針	
		ⓗ ビジョンの提示	第4段落（450字程度）
❷ 大学の選択理由	研究に必要なリソース	ⓘ 研究に必要な学問	
		ⓙ 研究を推進する環境	
		ⓚ 研究の支援者	
	進学の必要性	ⓛ 授業の活用	
		ⓜ カリキュラムの適合性	
		ⓝ 研究支援者の存在	

　彼の興味深いところは、その探究の過程で統計学やバイオインフォマティクスといった周辺領域もともに学んだということです。彼は探究活動の過程で、実験と分析の必要性を感じたのだそうです。論文を読むにせよその視点は不可欠だが、その学びが足りていない。これを彼は「壁」と捉えました。そこで彼は「それなら関連することも学んでしまおう」と前向きに捉えたのです。探究をするためなら、手間を惜しまずやり抜く姿勢に感動を覚えました。

　そして、彼は一つの疑問を抱きます。「医学研究と臨床との間に溝があるのではないか」という問いです。彼の周りにいる医学部受験生の話を聞くと、「総合診療医になりたい」「無医村で活躍したい」「実家の医院を継ぐ」という話は出るものの、研究医になろうとか、臨床にいながら研究をしようという話に

はならなかったのです。そのとき彼は考えたのです。「最先端の研究の成果を臨床の現場に広めるためにはどうすればよいのか」ということをです。

そこで彼が出会ったのは「トランスレーショナルリサーチ」という領域です。大学などでの基礎研究の優れた成果を、臨床現場へ橋渡しする研究のことを指します。新しい診断・治療法の開発（新しい医薬品・医療機器等の開発）につなげることを目的としています。こうした研究を通して、医療を発展させたいと願ったのです。

そして、この研究を通して救いたいと考えたのは、小児医療の現場でした。彼は小児病棟のボランティアに参加した経験があり、難治性疾患によって負担を感じる子どもたちを見つめていました。こうしたところで、自分の研究を根付かせたいという思いを強くしていきました。

こうして「難治性疾患×先端医療×代謝×小児医療×トランスレーショナルリサーチ」という探究キーワードと学問領域の組み合わせにたどり着きました。

アドミッション・ポリシーとの照合

もちろん彼は医師を志していますし、将来は小児医療の道へ進みたいと考えていました。しかし、彼が見つめる先は医療の進歩でした。基礎研究と臨床現場をつなげる研究を通して、「多様かつ高度な医療ニーズに応え、プロフェッショナルな医師として成長・発展」したいと願う志が表現されています。

　小児医療の発展、特に難治性疾患の解消という明確な目的意識をもち、探究活動とボランティア活動を通して強い使命感を育んできました。「知識や技能の習得能力」も、探究活動の様子を見れば十分にわかります。「論理的及び倫理的な思考力」も兼ね備えています。「協調性」については、志望理由書以外の試験形態で評価を受けることになるでしょう。

どんな人が合格するか

　彼の素晴らしいところは、医師志望者が抱える問題を敏感に捉えたところにあります。職業人になることばかりに囚われ、大学を資格取得のための場として捉える姿に疑問を抱いたのです。

　医師をはじめ、看護師、教員、弁護士、経営コンサルタント、エンジニアなど、特定の職業に就きたいと語る高校生に、私は「何のために大学に行くのか」と疑問を抱くのです。それでは「知」を知るための学びにすぎず、「誰かが教えてくれる」と受動的な姿勢で学びを捉え続けることになります。これからの未来をつくる「知」を生み出すための学びにするには、大学が研究の場であることを捉え直す必要があるのではないでしょうか。

　彼は自分の力で、そのことに気づいたのです。大学の存在意義とは何か、自分はどういう世界を創りたいのか。そういう視点をもつ高校生は、いつ見ても眩しいし、明るいのです。

ここに注目してほしい

「文章を用いて学部を志望した理由と入学後の学習計画、および自己アピールを自由に表現。日本語を使用し2000字程度で記入」という条件が課されています。なお、慶應義塾大学総合政策学部・環境情報学部のAO入試では志望理由書のほかに、A4で2枚分の自由記述を添付してもよいことになっており、自己アピールはそちらで存分に表現しています。

---

1 私は発展途上国の貧困をなくし、国際共通語である英語教育の普及を通し、教育格差を縮める支援をしたい。その教育体系を構築する基礎となる英語学とともに途上国支援の研究を推進していきたいと考え、慶應義塾大学総合政策学部を志望した。

2 私の英語運用能力の源を探ると、幼少期の渡米経験まで遡る。5歳のときに、父の仕事の都合で2年半アメリカの現地校に通った。見知らぬ土地で言葉も通じない、その上日本人も少ない環境で英語を学び、つらい思いも数多くしてきた。だが、この時期に築き上げた英語力の土台は、自身の可能性を大きく広げてくれ、英語教育に強い関心を持ちはじめるきっかけにもなっている。校内の英語スピーチコンテストにおける大賞受賞、来月出場する○○大学高校生英語弁論大会出場権を得たのも、まさにこの時に培った英語4技能、特にリスニングとス

ピーキング重視の生活があったから得られたと自覚している。加えて、高校3年間で様々な国を訪れ、現地の人々との交流を経験した喜びはもちろんのこと、スペイン語にも興味を抱き、スペイン語スピーチコンテストで入賞を果たすまでに成長できたのは、このころの経験が基になっている。

3 一方、各種大会や選考に出場する中で、自分のスピーチを通して1人でも多くの人に社会の問題に気づき、それを一緒に解決したいと感じてもらいたい、という強い思いが生まれた。主体的に社会課題を見つめたいと思うようになった。中でも特に大きな影響を受けたのが、校内の厳しい選考をくぐり抜けて参加したスタディーツアーである。バングラデシュに行ったのだが、ツアーに参加するにあたって、多くの勉強を重ねた。フェアトレード、グラミン銀行、マイクロファイナンス等の学びを深め、ディスカッションやフィールド調査を重ねた。ほかにも、バングラデシュ大使館や現地でお世話になったNGO法人の日本事務所の訪問、青年海外協力隊の方や日本に学びに来ているバングラデシュ人の留学生にインタビューを行った。特にフェアトレードビジネスは力を入れて研究し、日本語と英語両言語で論文を仕上げ、プレゼンテーションを行った。また帰国後は、自分たちが学んだことを多くの人に伝えたい、という一心で校内の発表と生徒向けのワークショップを開き、校外ではフェアトレードタウンである○○で開かれたフォーラムで発信をする機会を頂いた。

4 こうした活動と経験を通して、自分がとくに解決したいと

強く感じたのは現地の義務教育における「英語教育問題」である。バングラデシュの義務教育は5年と世界で一番短い。そして5年という短い期間で教えられている英語技能は「読む」「書く」の2技能のみ。「話す」「聞く」技能を教わっていないのが現状だ。他方、英語が話せるのは後者を重視する私立小学校かNGOが設立する小学校出身の人が多い。授業料が無料の公立にしか通えない子どもは、カリキュラムの良し悪し以前に、質の良い英語教育が受けられないというのが現実なのである。幼児期や児童期にはリスニングやスピーキングを重視したイマージョン教育を推進するべきだという説もあり、その必要性は私自身の渡米経験の際に体感したことと合致する。

⑤ 現在の国際社会で活躍するには、国際共通語である英語による対話が欠かせない。もし途上国の子どもたちが英語を駆使すれば、自分を取り巻く社会を理解し、問題意識をもつ契機となる。また、グローバル化の波にのって外貨を取得し、自国の貧困問題の解決をする道も開けるだろう。途上国の教育格差を解決することで、貧富の格差縮小への手がかりも見つかるかもしれない。

⑥ 高校生活で身につけた積極性を生かして、貴学総合政策学部でこの問題意識の探究のために、途上国に向けた英語カリキュラムデザインと教材開発手法を学ぶとともに、東南アジアや中南米をはじめとした途上国の教育制度に合わせたソーシャルビジネスを起案したい。公教育・私教育いずれで展開するのがベストなのかは検討している段階だが、自国内でサスティナ

ブルなビジネスになるよう、ビジネスモデルを築き上げたいと考えている。その過程でさまざまな問題が生じることは、高校でのビジネスプラン策定の経験上強く感じるところである。その解決の能力を身につけるとともに、複眼的視点を養い、さまざまな国の人と協力しつつ、私が持つ語学力をさらに高めたい。そして、多様で複雑な社会が生んだ「途上国の貧困」を英語教育という視点で解決しようと試みるために、慶應義塾大学総合政策学部に入学し、夢の第一歩を踏み出したいと願っている。

[アドミッション・ポリシー]

　総合政策学部は「実践知」を理念とし、「問題発見・解決」を重視する学生を求めます。問題を発見・分析し、解決の処方箋を作り実行するプロセスを主体的に体験し、社会で現実問題の解決に活躍することを期待します。したがって入学試験の重要な判定基準は、基礎学力に裏付けられた、自主的な思考力、発想力、構想力、実行力の有無です。「SFCでこんなことに取り組み学びたい」という問題意識に基づいて、自らの手で未来を拓く力を磨く意欲ある学生を求めます。

（慶應義塾大学湘南藤沢キャンパスウェブサイトより引用　https://www.sfc.keio.ac.jp/pmei/policy.html）

志望理由を考えるプロセスを見てみよう

　彼女の志望理由書の段落構成を14項目と照らし合わせながら整理すると、以下のようになります。

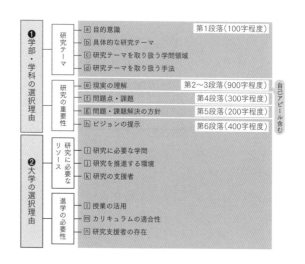

　注目すべきは、段落ごとの文字数にかなりばらつきがあるところです。第2〜3段落は自己アピールを含めながら記しているので手厚く書かれていますし、第4段落の考察が丁寧に記されていることもわかります。

　そもそも彼女が私のもとへ来たとき、「語学が好きだ」というところからスタートしました。彼女は、子どものころに渡米経験があり、その中で、語学を活かす仕事に就きたいと考えていました。それを手がかりに、色々と彼女の経験を尋ねてみるところから始めました。

　彼女と語る中でピンときたのが、バングラデシュへのスタ
ディーツアーでした。この体験をもとに、バングラデシュの支
援を英語を使ってできないだろうか、と直感で思いついたとこ
ろからこの話が始まります。「自分の好きな英語を、途上国支
援にどう活かすか」という問いです。

　まず、そもそも途上国が抱える問題は何なのか。バングラデ
シュの問題は何か、というのを考えました。国民の半分ほどが
農民であること。しかし、水害などが生じやすい気候で、その
結果、農作物をつくれず貧困に陥っていく人が多いこと。貧困
に陥ると、借金をすることになってしまい、そして返せなくなっ
てしまうこと。貧困という負のサイクルから抜け出せないわけ
です。

　ここで、英語でどう救えばいいのかを考えました。まずは現
状理解から始めました。バングラデシュの英語の学びはどのよ
うなものか、調査をしました。その結果は以下の通りです。

> バングラデシュの義務教育は5年と世界で一番短い。そし
> て5年という短い期間で教えられている英語技能は「読む」
> 「書く」の2技能のみ。

　母国語を学ぶだけではバングラデシュ国内で生活せざるを得
ず、厳しい経済環境の中で生きていかなければなりません。そ
うした環境から抜け出すためには、英語の習得が欠かせない。
国外に行けないと、外貨が稼げません。それならば、英語4技

能が育成できれば外貨が稼げるのではないかと考えたわけです。

　ですが、「子どもたちが最後まで通い続けることができるのか」という問いが生まれました。そもそも農民たちは子どもたちのことを労働力として捉えていることが多いようでした。つまり、生活費を稼ぐために子どもを教育から遠ざけている現状があるということです。そこで、将来的には生活費以上の収入が得られるなど、農家にとってメリットをもたらそうと考えたのです。ここで「英語ができる優秀な人たちを送り込むので、その教育と家族に対して費用を出してくれませんか」と日系企業にお願いをする仕組みを考え、実際に可能性を探りに行きました。つまりグローバル人材の育成というストーリーまで検討したわけです。

　この探究の中では「何を本質にすえて考えるか」、つまり誰が幸せになるべきかについて、子どもたちという次世代の幸せを考えなければならないということにたどり着いたのです。しかし、その支援の仕組みが行き届いていない現状で、貧困の連鎖が続いている。そうした中で自分は何をすべきか、彼女は探究し続けました。

　ここまで探究すると、当初の「語学が好き」という段階からずいぶんと問いが変化しました。「私は英語という語学教育を通して、次世代の幸せをつくっていく」というふうに変わったわけです。正攻法で探究を重ね、情熱を少しずつ育んだことがよくわかります。

　そして、彼女はこのビジネスモデルを成立させられるような学びが得られるところに行きたいと考えました。それに加え、新しい英語教育をどうつくっていくのかという視点も必要です。だから、学際的に学びたい。そして、プロジェクトとして立ち上げたいので、プロジェクトベースの学びができるところが理想だといいます。そこで志望したのが、慶應義塾大学総合政策学部でした。

アドミッション・ポリシーとの照合

　アドミッション・ポリシーにある「実践知」とは、実践の現場で適切な判断をくだすために駆動する暗黙的な知識のことを指します。対義語は「理論知」といい、すでに仮説検証されていて形式化された知識のことをいいます。つまり、実際に現場に行き、色々と実践知を得ている人が欲しいと言っているのです。彼女は様々な経験、特にバングラデシュでの学びによって様々な知を得ていることがわかります。

　そして「問題発見・解決」を重視する学生を求めています。バングラデシュの貧困問題を発見し、分析したうえで、英語教育という解決の処方箋をつくりだしました。そして、それを実行するプロセスを仮説として考え、問題解決に挑もうとしている姿がよくわかります。「自主的な思考力」「発想力」「構想力」「実行力」という入学試験の判定基準をクリアしているものといえます。そして、バングラデシュをはじめとした途上国支援を通して、自らの手で明るい未来を拓く力を磨こうとしている

様子がよくわかります。

どんな人が合格するか

　彼女はさまざまな経験を重ね、語学習得にも余念がありませんでした。しかし、その経験だけで終わらせているわけではありません。つまり、経験を並べ立てたり、成果を示したりしただけでは合格しないのです。彼女はその経験の中から、見通しのない問いを見出し、探究を重ね、大学でも続けたいというストーリーを丁寧に示したところが素晴らしかったと思います。そして、「自分は未来に向けてどう生きるべきか」と思考を巡らせながら、志望校での学びと人生の意味をどう結びつけ、未来へ飛躍するかを真剣に考えている姿が伝わってきます。

　私も彼女と対話をしながら、色々な問いを解き明かしてきました。英語教育をバングラデシュにもち込む際、本当にビジネスモデルとして成立するのかを考えるため、先行事例を調査しました。バングラデシュでビデオ授業を通してダッカ大学合格者を増やそうという日本のNGOの収支を検討し、補助金以外の収入をどう増やすのかを考えました。オンライン英会話の会社と英会話塾の収益構造を分析し、前者のほうが価格を抑えざるを得ない現実もわかりました。こうしたことから、受講料収入をどう増やすのか、他の方法で資金を調達するか、色々と検討しました。結果として、人材育成の名目で日系企業から資金提供を受けるというスキームを考え出しました。

　このように、実際に行うとなった際、どういう困難や壁があっ

ても、丁寧に検討すれば仮説が立てられます。彼女にはその辛抱強さがありました。まさに Growth Mindset がある、素敵な高校生でした。また、こういう高校生に出会いたいです。

問 い の 質 を 高 め る ③　固 定 観 念 を 揺 さ ぶ る

　バングラデシュの支援をするならば「生活が苦しいのならば募金をしましょう」「義務教育を充実させましょう」という案が出るでしょう。しかし、それでうまくいっていないから、問題や課題が発生しているわけです。

　私はこのとき「それ以外で方法はないのか」と問いを投げかけました。つまり、「貧困はお金を渡せば解決する」「子どもに義務教育を施せば貧困者が減る」という暗黙の前提（強い固定観念）を揺さぶるのです。「お金を渡すこと以外、義務教育を充実させること以外の方法はないのか」という問いを投げかけ、出てきたものが「英語教育を施して子どもに付加価値をつける」というやり方です。みんなは当たり前のように考えるから、うまくいかない。だから、普通は思いつかない方法を考えるために、自分が常識としてもっている前提を壊してみよう、というわけです。

　そのとき考えるカギになったのが、彼女の「語学が好き」という個性や才能でした。逆説を考えるときに、Core Identity や才能を起点に、様々な方向性を見てみると、オリジナリティあふれる答えが出てくることがあります。

　このように、この志望理由書では「逆説の思考」を用いました。「普通思いつくであろうことの『逆』を考える」という方法で、新しい発想を生み出すコツです。問いを立てるときに（102ページ）固定観念を取り払うと、思いがけない発想が生まれる場合があります。

ここに注目してほしい

　彼女は好奇心旺盛かつ弁論術にも長けた人物でした。普段から社会問題に触れ、法学部政治学科で研究するための素材を自発的に集めていましたので、どの方向で研究を進めていくべきかというところから、私が伴走してきました。過去の経験が志望理由の正当性を裏付けますが、そうした取り組みを重ね、ストーリーとして形にできた事例だと思います。なお、同じ志望理由で他の難関大学にも出願し、合格を果たしています。

①慶應義塾大学法学部を志望した理由

1 私が住む地域において、外国人労働者の増加とともに、共生するコミュニティをどう形成するかという課題を各自治体が抱えている現状にある。外国人住民や労働者への明確な方針を持てない状況の日本において、対症療法すらもままならない現状もあるのは了解したうえで、その立場からこの問題をどう解決すべきかを模索する場として、貴学政治学科が相応しいと判断し、志望するに至っている。

2 この気づきを得た最大の契機はアメリカへのホームステイプログラムへの応募である。ここ数年、私が住む地域近辺にも外国人が定住するようになり、外国人とのコミュニティ形成が必要となる局面にあることから、彼ら彼女らとより良い共生社会を目指すために移民大国であるアメリカの地で学ぼうとし

た。その最終面接でのやり取りが、深く印象に残っている。そのさい、面接官から移民政策について意見を求められ、私は国境壁建設等による移民拒否政策は反対であると主張した。しかし、面接官から「君は『壁のある街の住民』についてはどのように考えるのか」と問われ、彼女から国境壁建設が多数に支持されている現実を突きつけられた。私は答えに窮した。いま改めて振り返ると、移民とともに生きる住民の視点を欠く政策立案など、民主主義を尊重する者としてあり得ない。私は安物の正義感とメディアの報道に踊らされ、その地に生きる住民を取り巻くシステムや、その根底にある価値観を覗き込むことがなかった。そのとき、私自身を恥じた。

3 A.R.ホックシールド著『壁の向こうの住人たち　アメリカの右派を覆う怒りと嘆き』では、国境壁支持者の背景には、移民優遇と白人労働者の軽視に対する住民の不満があるという。これを私のすむ地域の外国人労働者と住民に置き換えて推論を展開すると、前者を哀れみ慈しむだけでは水面下に広がる問題を掬い上げることはできないということだといえる。その土地に住まう人々には文脈、歴史的背景が横たわっている。その環境の中に、外国人労働者が入り込むという構図である。そうしたステークホルダーが混在する中で、いかにともに幸せなコミュニティを形成するかということを、丁寧に文脈を紐解きながら政策に反映しなければならないということである。ゆえに、私はこのコミュニティと地域社会、行政の関わり方の3つの関係を俯瞰することこそが共生社会への鍵となると考えた。

4 ただ、言うは易しとはまさにこのことであり、エスニックコミュニティが地元社会の住民として受け入れられるのは難しい。例えば、○○市○○地区では、在日外国人と長年にわたりその文化を共有してきたといわれ、上記の好例と言われている。近年のヘイトスピーチによるデモが押し寄せた際も地元住民らがデモ隊と対峙し生活の場を守ったことは地方自治体とエスニックコミュニティ及び地元住民の三者が良好で堅固な結びつきである証拠である。しかしながら、今やアジアだけでなく中南米などからの流入者も増え、最近では利便性の高さから開発が進み、新住民が流入するようになった。昔なら町を歩けば困窮状態が可視化され、コミュニティの中で互助できたものの、開発によって人々は分断され、問題が見えなくなっている。地域全体で一体感が醸成されていたのは昔の話であり、今では孤立状態になっているということだ。

②入学したら何を、どのように学ぶのか
5 分断と排除の論理が働き、マイノリティとなりがちな外国人労働者に対して、セーフティネットを地域で構築することこそ、私が貴学で研究として取り組みたいことである。
6 特に、前述①においてエスニックコミュニティすら分断されるという事態があることを踏まえ、私の住む地域の外国人労働者が置かれる状況にアナロジーすると、深刻な問題と化していることが容易に想像できる。外国人労働者と住民の共生を目指していくには、このコミュニティの分断という事態をどう超

えるのかが大きな課題となる。

7 この課題観を私の住む地域の外国人労働者と地域住民によってどう乗り越えるのかを記述し、行政学・政治学・社会学的視点で捉え返す試みを、貴学で行いたいと考えている。具体的にはさまざまなエスニックコミュニティを観察・記述し、地元社会と行政の関わり方を探るとともに、外国人と共生する良いコミュニティのあり方を学びとりたい。

③自分の夢をどう実現したいのか

8 私は外国人労働者を地元社会に所属させながらもそのアイデンティティを守る方法、特に行政活動にどう反映させるのか、方法を模索したい。

9 私が住む地方には2万人の外国人労働者が存在する。特に、農漁村部での深刻な人手不足に頭を悩ませている。他方、このコロナ禍において職を失う外国人労働者も生じ、不可抗力によって生活が不安定になり、彼ら彼女らの生活基盤が脆弱であることが露呈する事態となったが、第一次産業の労働者は不足したままである。

10 もちろん行政が第一次産業保護という名目で農林水産業従事者に措置を講じることも重要といえる。しかし、それ以上に大事なのは彼ら彼女らを「地域でともに生きる者」として、コミュニティの一員として支え合う関係性を構築することなのではないか。私は行政担当者として、外国人労働者と一括りに考えるのではなく、一人一人のアイデンティティを大切にしなが

ら共生の道を探っていきたい。

[アドミッション・ポリシー]

　法学部では、慶應義塾の建学の精神を理解し、国際的な視野に立ちつつ、新しい社会を創造し先導する気概を持つ学生を求めている。入学する学生には、法学部の教育目標（カリキュラムポリシー）をよく理解し、そのカリキュラムの下で学習するために必要な学力、能力、そして意欲を有していることが求められる。その具体的な考査方法は、一般選抜、帰国生入試、留学生入試、指定高校による推薦入試、そして自己推薦形式でのFIT入試と多様であり、それぞれに制度の趣旨は異なるが、それらに共通する目標は、一定の知識水準を有し、その上で知的好奇心に溢れ、かつ個性豊かな学生を選考することである。

[カリキュラム・ポリシー]

　法律学科では、将来の法律家を育てることにとどまらず、社会現象を法律的にとらえ、論理的に思考する能力、すなわちリーガルマインドの涵養を目標とする。政治学科では、将来の政治家や公務員を育てることにとどまらず、個別の行為や事象を社会全体との関連で考察し、適切に位置づける能力の涵養を目標とする。さらに法学部では、両学科に共通する外国語・人文科学・社会科学・自然科学などの総合科目にも重点を置く。法学部の教育は、この3本の柱が有機的に統合されることで構成されている。

　現代社会において求められる人間像は、十分な専門的知見を有しながら、創造的な思考能力や個性を持ち、さらに総合的な政策能力を併せもつ主体であろう。それは、ゼネラリストでありつつ高い専門的素養を備えている、あるいはスペシャリストでありながら総合的な知識と教養を有する人である。そのような人物の養成を目指し、法学部のカリキュラムは以下の方針のもとに組まれている。

(1)専門的知見を身につけ、法律学、政治学のエキスパートとして通用する学生を育てる。

　法律学科、政治学科のカリキュラムは、それぞれ充実した専門科目群を擁している。専門科目の履修は1年次から始められ、「導入」から「応用」へと段階を踏んで学べるように構成されている。また、多彩な科目群から、各人の興味と関心に応じた履修選択も可能である。さらに、ゼミナールや演習科目など少人数教育が充実している。

(2)幅広い領域の知見を有し、主専攻に加えて第2の専門を持つ個性派学生を育てる。

　法律学や政治学の専門的知見のみならず、人文科学・社会科学・自然科学の広範にわたる知見を得て、総合的・融合的な学問・思考を創造できるよう、総合教育科目が多彩に展開されている。また、法律学・政治学以外の学問を深く研究し、これを第2の専門とする個性派学生の育成にも努めており、そのために設けられた「副専攻制度」は、人文科学や自然科学の一領域について、講義科目や演習科目を4年次に至るまで計画的・段階的に履修し、究めることのできる法学部独自のプログラムである。

(3)外国語に強い国際派学生を育てる。

　法学部では、言語と文化の多様性に対応するべく、英語、ドイツ語、フランス語、中国語、スペイン語、ロシア語、朝鮮語、アラビア語と多彩な外国語科目を揃え、うち2つを必修外国語として履修するものとしている。とくに徹底して外国語を学びたい学生には、インテンシブコースが用意されている。さらに意欲があれば第3外国語を学ぶことも可能である。

(4)大学院での学びにつながる研究能力や高度の思考力・分析力を有する学生を育てる。

　法律学、政治学に関わる専門的分野を究めようとする学生のために、「その先」を目指すカリキュラムが用意されている。たとえば、大学院法学研究科設置の一定の科目の先取り履修を認め、進学後に大学院の単

位として認定する制度を設けている。また、「法曹コース」は、一定の要件を満たすことにより、学部を3年で卒業し、連携する法科大学院への進学を可能とするものである。
〔慶應義塾大学法学部ウェブサイトより引用 https://www.keio.ac.jp/ja/admissions/examinations/policies/〕

志望理由を考えるプロセスを見てみよう

　大学からは「あなたが慶應義塾大学法学部を志望した理由、入学後、何をどのようにして学び、また自分の夢をどう実現したいかを志望理由と関連させて」述べるように要求がありましたので、①志望した理由、②入学したら、何をどのように学ぶのか、③自分の夢をどう実現させたいのか、と3つのパートに分けて記述をすることにしました。それぞれを14項目と照らし合わせると、以下のようになります。

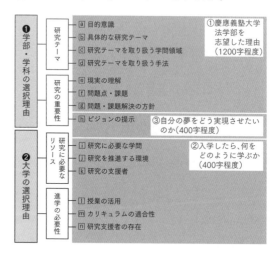

　大学から要求があるということは、評価基準もその要求通り
に設計されていると推測できますので、明確に回答をすること
が望ましいと言えます。そのうえで、過去にどのような経験を
してきたのかを棚卸しすることからはじめました。

　最も印象的だったのは、アメリカへのホームステイ・プログ
ラムに応募し、選考を通過したときの話でした。結果として最
終面接はクリアできたのですが、そのやり取りを振り返り、共
生の当事者である住民がどのような心情を抱くのかという視点
を欠いた政策立案はあり得ないと表現したのです。また、面接
の後に移民問題に関する書籍を読みつつ、自己にクリティカル
な眼差しをもたらしたわけですが、そのときに移民問題の全体
を俯瞰し、当事者それぞれの主張を理解したうえで発言する重
要性に気づいたそうです。

　こうした優れた実績を示すときに、つい実績自慢をする受験
生が見られますが、彼女は常に謙虚に自己の思考や言動を振り
返っています。そのうえで、外国人との共生のあり方を改めて
問い直すきっかけとなったと述べる彼女の、まさに「自他の尊
厳」を守ろうとする姿勢が伝わった瞬間でした。

　この対話の中で、外国人との共生についての研究をしようと
いう方向性が定まりました。その際、彼女が住む地域で外国人
労働者がコミュニティを形成することの難しさ、その中で地元
住民とのコミュニティがつくられる姿を目の当たりにしたこと
を語ってくれました。加えて、他の地域の外国人コミュニティ
の調査を行い、外国人との共生のあり方を考察したいという研

究のプランをつくり上げてきました。その際、非常に柔軟かつ知に対する積極性に満ちていました。さまざまな文献にあたり、現地にも赴いていました。こうした積み重ねの末に、その知見を彼女が住む地域に還元したいという思いが確固たるものになりました。

この志望理由書の見どころ

　この志望理由書では「①志望した理由」を手厚くしていることがわかるかと思います。この手厚さは、過去の経験を充実させて記していることに起因しています。地元の外国人労働者についての調査、ホームステイプログラムでの問答は、彼女の志望理由を支える重要な経験です。この経験を経て外国人との共生の道を探ろうとしたというストーリーが、明確になっています。

　実際の経験は一貫性を持たない「点」だったかもしれません。しかし、改めて「外国人との共生」という視点で整理すると、実はそうした研究を志すきっかけになっていたということが、彼女との対話を重ねていくごとにはっきりとしてきました。

　このように、改めて経験を見返すと「その経験に意味があった」と捉えられることがあります。志望理由を紡ごうと一生懸命になると視野が狭くなりがちですが、今までの経験を俯瞰すると「この経験があったから、こういうふうに考えられるようになったのではないか」「もしかしたらこの経験は研究を志すきっかけになったのではないか」などと仮説が立てられるかも

しれません。

アドミッション・ポリシーとの照合

　アドミッション・ポリシーには「慶應義塾の建学の精神を理解し、国際的な視野に立ちつつ、新しい社会を創造し先導する気概を持つ学生を求めている」とあります。大学のホームページやパンフレットには建学の精神を丁寧に示していることから、熟読し、この志望理由書の作成に臨みました。

　社会の先導者に相応しい人格形成を志すこと、自他の尊厳を守り自分の判断・責任をもとに行うこと（独立自尊）、実証的に真理を解明し問題を解決する科学的な姿勢（実学）など、多くのキーワードがありますので、それらを丹念に追い、志望理由書に反映しました。

「国際的な視野」「新しい社会を創造し先導する気概」については志望理由のテーマである「外国人との共生」、そしてホームステイプログラムへの参加の記述が当てはまります。

　また、カリキュラム・ポリシーに遡り、「専門的知見」「第2の専門を持つ」「外国語に強い国際派学生」「研究能力や高度の思考力・分析力」が表現できるように配慮しました。アドミッション・ポリシーをもとに評価基準がつくられることを鑑みると、自己とポリシーとのつながりを徹底的に整理することが大事であるといえます。

どんな人が合格するか

　私が驚いたのは、彼女の学びに対する探究心でした。もちろん受験ですから「合格したい」という思いがあるのは当然です。しかし、そうしたところを超えて、「外国人との共生」は日本の大きな課題の一つであると捉えたのです。諸外国ではすでに問題が生じているという現実を目の当たりにし、そのうえでコミュニティをどう構築すればよいのかを、知識を自ら獲得しながら考え続けました。

　多くの受験生は「どうすれば合格するのか」という視点から離れず、テクニックを獲得しようと躍起になっています。しかし、そうした視点からは見ることができない世界に、彼女はたどり着いています。世界の課題を解決するために、学問を修めようと真剣に考えた末、こうした志望理由が完成したのです。

　彼女とは今でも交流し、入学後に留学や海外渡航を重ねながら、さまざまな学びを得ているという便りをもらっています。大学で逞しく学び、新たな世界をつくり続けている姿を見ていると、私もそうあり続けたいと強く思います。

□ 第2章までに思考したことを「型」に格納する。

□ 「型」に格納する前に「下ごしらえ」する。

□ 材料を14要素に分解する。

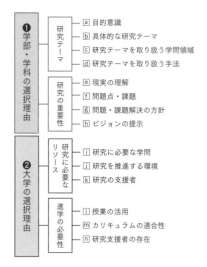

- ❶ 学部・学科の選択理由
  - 研究テーマ
    - ⓐ 目的意識
    - ⓑ 具体的な研究テーマ
    - ⓒ 研究テーマを取り扱う学問領域
    - ⓓ 研究テーマを取り扱う手法
  - 研究の重要性
    - ⓔ 現実の理解
    - ⓕ 問題点・課題
    - ⓖ 問題・課題解決の方針
    - ⓗ ビジョンの提示
- ❷ 大学の選択理由
  - 研究に必要なリソース
    - ⓘ 研究に必要な学問
    - ⓙ 研究を推進する環境
    - ⓚ 研究の支援者
  - 進学の必要性
    - ⓛ 授業の活用
    - ⓜ カリキュラムの適合性
    - ⓝ 研究支援者の存在

□ 大学の書式によって、14項目のどれをどう入れるのかを決定する。
その際、字数を把握したうえで段落数を決定するとやりやすい。なお、1段落当たり150~300字程度が目安。

□ 字数の増やし方、減らし方のテクニック、原稿用紙のルールを参考に、書きながら字数調整する。いかに伝えたいことだけをシンプルに伝えるかが大前提。

□ 出願書類に「再構成」するときには、魂、志を注入しながら書き込む。

第 4 章

自己
アピール文の
思考・表現法

志望理由書は
完璧ね!

・・・・・・

ところが
自己アピール文って
いうのも書かないと
いけないみたい…

そうなの!?

アピールって
何するんだろう…?

先生!
自己アピール文も
教えてください!

じゃあ…

まず
大前提として

誰にアピール
すると思う?

大学の
先生かな?

その通り!

41 | 多重知能理論

多重知能理論

　自己アピールを考えることは、「自分とは何者か」を見つめることにほかなりません。そして、人にはそれぞれ個性があり、それはかけがえのないものです。しかし、そうとは捉えず、単一の指標で評価できるという立場がありました。

　これまで人間の知能は、たとえば「IQ(Intelligence Quotient)」という知能検査の結果によって示すことができると信じられてきました。しかし、一方「一つの指標によって人間の知能は測れるのか」という疑念もありました。アメリカの心理学者であるハワード・ガードナー氏は後者の立場から「多重知能（MI：Multiple Intelligences)」という理論を提唱しました。

　この理論は、簡潔にいうと「知能は複数ある」「人間はみな複数の知能をもつ」「人によってはある知能が高かったり、低かったりする」というものです。

自分の知能を掘い、育もう

「他の人はできるのに自分には難しい」ということは誰にでも
あります。それは多重知能理論における8つの知能のバランス
が人によって異なるからだといえます。だから、知能を一つの
指標だけで捉えると、そこから外れた知能を捉えられなくなり
ますし、それが自己を否定する一つの理由になりがちです。

　キミには多くの知能が備わっているはずです。そうした知能
の多様性に気づき、開花させられるといいですね。

多 重 知 能 理 論 が 定 め る 8 つ の 知 能 ─────────────

① 言語的知能（ことば）…言葉を効果的に使いこなす力。説得力、言葉を記憶する力など。

② 論理・数学的知能（かず）…数字を使ったり、論証したりする力。分類、類推、予測、仮説
　の検証など。

③ 空間的知能（え）…視覚的・空間的に物事を捉えたり、転換したりする力。絵、色、線、形、
　距離を捉えたり、イメージしたりする力など。

④ 音楽的知能（おんがく）…音楽の種類を認識・識別・作曲・表現する力など。

⑤ 身体・運動的知能（からだ）…自分の身体で表現したり、ものを自分の手でつくったり、つ
　くりかえたりする力。バランス、手先の器用さ、身体の強さ、柔軟さ、機敏さなど。

⑥ 対人的知能（ひと）…他人の感情やモチベーションを見分ける力。他者の表情・目線・発
　言の中に潜む感情を読み取る力など。

⑦ 内省的知能（じぶん）…自分の長所や短所を把握し、気性や願い、目標、動機付けなどの
　自覚ができる力。自分を律し、大切にする力など。

⑧ 博物的知能（しぜん）…様々な植物や動物を認識し、分類できる力。自然現象への敏感
　さ、物質の違いを区別する力など。

42 | 大人の知性

大人の知性をもとう

アメリカの発達心理学者であるロバート・キーガン氏は、人類が存続するためには、新しくてもう一段レベルの高い知性を開発しなければならないと述べました。それを「大人の知性」として分類しました。

大人の知性の3段階

キーガン氏は社会人として評価される考え方「大人の知性」を3段階に分けました。「環境順応型知性」「自己主導型知性」「自己変容型知性」の3つです。それぞれ説明していきます。

① 環境順応型知性

大人の知性の最初の段階。その環境に順応することを第一に考えます。教えられたとおりに行動するので、チームに追随することは得意ですが、指示待ちになりやすい傾向があります。しかし、大きく変わりつつあるこれからの世界の中では（49ページ）、環境順応型知性だけだとおそらく対応しきれないでしょう。

② 自己主導型知性

次の段階は、自分で課題を設定でき、リーダーシップを取る

段階です。ビジョンを描き、他者を巻き込み、自分なりの価値観や視点をもとに行動することができます。一方、情報の選別に偏りが生じやすく、視野が狭くなりがちで、自分に都合の良い情報をもとに行動を起こしてしまう可能性があります。

③ 自己変容型知性

あらゆるシステムや秩序が不完全だとわかっていて、問題を見つけ、自分が変わることを受け止めながら新たに学んでいく段階です。価値観も視点も複数あるし、その矛盾を受け入れられます。この段階であれば、みんなで幸せな世界をつくるために自身を変容させる、といえるようになります。また、既存のモノの捉え方に囚われず、目的達成に応じて自分を自在に変化させることができます。ぜひ、この「自己変容型知性」の段階まで到達してほしいです。

このような「大人の知性」の段階を知っていると、自分自身がどの段階にいるのか、あるいは、どの経験をもとにすれば、自己変容型知性を発揮できるようになるのか、自分自身がどう成長すべきかが改めて認識できます。**自己アピール文には成長物語が欠かせません。**まさに自分にとってのA-Bモデル（88ページ）をつくりあげることと似た手続きです。

43 | 大学における 自己アピール文の見られ方

学力の3要素との照合

　自己アピール文の評価は、アドミッション・ポリシーと紐づけられます。つまり、アドミッション・ポリシーに合っているかどうか、という観点から評価されるということです。では、具体的にどう評価されるのかを、学力の3要素（64ページ）に則して捉え直してみます。

　そもそも**学力の3要素とは「①知識・技能」「②思考力・判断力・表現力」「③学びに向かう力・人間性」**を指します。昨今のアドミッション・ポリシーはこの3つの観点に則して示されており、どの観点をどの資料で判定するのかを明示する大学もあります。

　自己アピール文は「②思考力・判断力・表現力」「③学びに向かう力・人間性」を評価しやすい試験形態です。

「学びに向かう力」がよくわかる

　特に「③学びに向かう力・人間性」がよくわかります。どういう知能や才能を軸に、主体性をもって学んでいるのか。多様な人々がもつ知能や才能をかけ合わせて、どう協働して学んでいるのか。学びに向かう態度がとてもよくわかります。もちろん、文章の中で「②思考力・判断力・表現力」も見ることができます。

　「①知識・技能」については、調査書や筆記試験、共通テスト（センター試験）で見る大学が多いようです。

経験や実績を述べるだけでは足りない

　ということは、「知識・技能」を有するアピール、たとえば「こういう知識をもっています」「こういう体験をしました」「私は部活動でこういう実績を得ました」と語るだけでは足りないのです。**その体験や知識・技能獲得の過程で、どういう才能を育んできたのか、どう思考・判断し、どう学びに向き合ってきたのかを見つめることが大事**です。そして、キミの「成長物語」を大学の学びにどう接続し、どのような未来をつくりたいのかを語るつもりで、自己アピール文に取り組んでください。

学力の3要素と多面的評価

　本来は「①知識・技能」「②思考力・判断力・表現力」「③学びに向かう力・人間性」は相互に関係しています。ある学びに対して、どのように知識や技能を獲得し、その過程でどういう思考や判断が行われ、学びに対する熱意がどう育まれ、大学進学を望んでいるのか。加えて、個々がもつ才能は異なるので、その姿や特性も異なるわけです。ですから、「①知識・技能」を単独で取り出し「評定平均値が高いから、知識・技能を有する」と見なす方法は、前述の様子を炙り出せないということになります。

　そうした姿を見取ることができるように、自己アピール文だけでなく、志望理由書や面接試験、グループディスカッションを含めた多面的評価を行う入試形態を検討している大学もあります。

44 ┃ 自己アピール文のアウトライン

よくある自己アピール文への疑問

　自己アピール文とは、文字通り自分の姿を読み手に伝える文章です。自分の長所やイメージを「よりよく」魅せるためのものです。ですから、ときには自分の特性ではないのにあたかもそういう長所があるかのように魅せる自己アピール文を書いてきたり、「私は明るい人です」くらいの表層的なアピールに終始したりするケースが見られます。

　しかし、私はこういう文章に出会うたびに「本当にこれが自分の才能に気づいて、育んでいる姿なのだろうか」と疑問を抱いています。自己アピール文を近視眼的に捉え、誰もが述べそうな記述でお茶を濁そうとすることに、私は意味を見出せるのだろうかと、考え込んでしまいました。

「自分の価値・才能×成長物語×アドミッション・ポリシー」

　人にはそれぞれ才能があるというのは、ガードナー氏の「多重知能理論」（258ページ）で語った通りです。それに気づき、育み、各々が価値を最大化させた社会は、きっと幸福を生む場になるでしょう。そうした文脈で自己アピール文作成を捉えたら、より個性が光るものになるし、自分自身で才能を育むことができるようになるだろうと考えました。そして、その軸になるのは、これまでに形作られてきたアイデンティティです。

　そして、キーガン氏が示す「大人の知性」（260ページ）のステップを踏んで成長すること、もしくは自己変容型知性をもつまで成長したいと願うことも、社会に羽ばたく高校生にとって欠かせません。成長物語を描いた自分を再認識すること、さらなる物語をつくるということです。

　他方、大学入試である以上、志望校のアドミッション・ポリシーの要件を満たす必要もあります。よって、**「自分の価値・才能×成長物語×アドミッション・ポリシー」**が、**自己アピール文の目指すべきところなのだ**といえます。

自己アピール文のポイント

　ここまでの内容をもとに、自己アピール文で書くべきことをまとめると、以下のようになります。

❶ アピールポイント
Ⅰ Core Identity
Ⅱ アドミッション・ポリシーとの整合性
❷ 成長物語
Ⅲ 過去の成長物語
Ⅳ 未来に向けた成長プロジェクト

45 | 自分の価値観を探る

Core Identityを探る

　自己アピール文を考えるにあたり、まず自分を形作るアイデンティティとは何かを見つめるところから始めましょう。**自分の軸や拠り所になるような、大切にしている価値観を炙り出します。**本書では「Core Identity」と呼ぶことにします。

方法① 価値観をキーワードリストから探る

　まず、価値観にまつわるキーワードリストから、Core Identityを探る方法があります。ウェブで「価値観を知るためのキーワードリスト」と検索してみましょう。それをもとに「この中から、自分が大事にしたい、価値のあるキーワードを20個選んでください」「これらを10個に絞ってください」「それを5個に絞ってください」「最後に3つに絞ってください」と大事にしたい価値観を絞り込んでもらいます。

方法② 内なる言葉を引き出す

　また、LEGO®を用いて、価値観を示すキーワードを探ります。もちろん絵を描く、付箋に書き出す、マインドマップを用いるなど、手段はいくらでもあります。「あなたが大切にしたい瞬間を作品にしてください」「作品の意味はどういうものか、聞かせてください」「このパーツを選んだ意味をあえて挙げる

としたら、どういうものですか」などと問いかけて、その作品の意味を言葉にしてもらいます。対話をしながら、自分の内面を探り、言葉として紡ぎます。そして、自分が大事にしたい価値を示した言葉を数個拾い上げます。

46 | 過去の体験に意味を見出す

人生のハイライトを思い起こす

Core Identity がすべて満たせる環境に自分がいれば、自分の価値が最大化します。そうした体験は過去に何回かあったのではないでしょうか。そのハイライトになりそうな体験（最も光り輝く体験）をいくつか挙げてみましょう。自分史を書いて、そういう体験を拾い出すこともあり得ます。

いつ、どこで、誰が関わり、どういう状況で、どういう壁や困難があり、キミは自分の価値をどのように活かし、結果としてどういう状況になったのでしょうか。 成功体験はもちろん、失敗したけれど成長したというストーリーでもかまいません。

過去の体験の「意味」を見出す

体験した当時は「自分の Core Identity をこう活用した」などと意識しているわけではないと思います。ここで「この体験にはどのような意味があったのだろうか」と問いかけます。

自分の Core Identity が他者にどういう影響を与え、自分や相手はどう変わったのか。Core Identity がどういう効果をもたらし、どういう結果を導いたのか。奥底に潜む構造的な問題や価値観の違いとどう向き合い、自分の Core Identity をもとにどう解決に導こうとしたのか。「多重知能理論」（258ページ）と「大人の知性」（260ページ）を学んだキミならば、当時を俯瞰して、

その体験の意味を捉えられるようになっているはずです。

体験の意味を見つめ、成長物語を見出す

そして、その体験を振り返り、「その経験を通して、どういうことを学び、成長したのか」を考えます。Core Identityをもとに行動した結果、キミはどう進化したのか、「あえて」述べてみます。もしかしたら小さな体験だったかもしれませんが、その体験に「成長」という意味付けをしてみると、その体験が価値を帯びます。つまり、Growth Mindset（84ページ）をもって、自分を見つめてみようということです。

自分の価値が最大限になるように学んだり、行動したり、環境を整えたりしている自分を見て、改めて振り返ることになります。そうして向き合うことにより、痛みや辛さ、苦しみを感じることはあるだろうけれど、キミの世界観が大きく変わるかもしれません。こうした内省を通して、自分をどう変容させたいのか、させたのかを考えてみると、「自己変容型知性」（261ページ）がおのずともてるようになるのではないでしょうか。

47 | 9の要素

材料を要素ごとに分解する

265ページで自己アピール文で書くべきことをまとめると、4点あることを指摘しました。それぞれ「Core Identity」「アドミッション・ポリシーとの整合性」「過去の成長物語」「未来に向けた成長プロジェクト」と呼びます。肝心なのは、この中に内容として何を含むべきか、です。まずはその全体像を紹介し、それぞれの意図を後述します。

自己アピール文を細分化すると、9の要素に分けることができます。肝は、自分の価値や才能をもとに、新たな価値を見出そうという「成長物語」を描くところです。つまり、**「価値＋才能のアピール×Growth Mindset(84ページ)」を合わせて表現する**ということです。自分の価値を自分で掘り起こすことができ、もともともっている価値を見つめてさらに高めようとしたりする力をもつキミを、存分に表現してください。

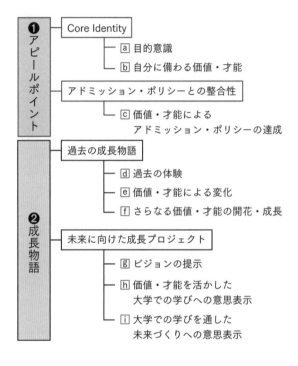

48 | Core Identity

「Core Identity」の中に含めたい2項目

❶ アピールポイント

I Core Identity

アピールポイントを大学に伝えるためにはどういう観点が必要か、ということをまずはまとめます。大事なのは2項目です。

ⓐ　目的意識
ⓑ　自分に備わる価値・才能

目的意識

そもそもキミは何のために自分の才能や価値を用いたいのでしょうか。目的（何のために）やその対象（誰のために）を明らかにします。

自分のために価値や才能を用いるのはもちろんですし、そうあってほしいと願っています。一方で、その価値や才能を最大限にし、社会がより豊かになるように用いるという視点をぜひもってほしいです。本書では繰り返し「最高善（higher good）」（67ページ）を目指そうと述べています。そうすると、キミの才能

を他者や社会にどう用いるのか、という目的が明らかになるのではないでしょうか。

自分に備わる価値・才能

　キミの体験を整理したり、Growth Mindset（84ページ）をもとに自分を成長させる姿を見つめると、「私にはこういう価値がある」「こういう才能を有している」ということが、より豊かなことばとして紡げるのではないでしょうか。また、266ページでつかんだ価値観をもとに、さらなる成長を遂げたわけですから、パワーアップしたキミの姿が描けるでしょう。少なくとも「私は明るいです」「リーダーシップが発揮できます」という表現よりも、より内面に向けて、掘り下げて見つめた自分の姿が示せるはずです。

49 | アドミッション・ポリシーとの整合性

「アドミッション・ポリシーとの整合性」の中に含めたい1項目

Ⅱ アドミッション・ポリシーとの整合性

　引き続き、アピールポイントを大学に伝えるためにはどういう観点が必要か、ということをまとめます。「アドミッション・ポリシーとの整合性」で大事なのは1項目のみです。

ⓒ　価値・才能によるアドミッション・ポリシーの達成

価値・才能によるアドミッション・ポリシーの達成

　大学入試で用いる書類である以上、アドミッション・ポリシーにふさわしい人物であることを示す必要があります。ただ、ここは素直に適合させるのは難しいと思われます。多くの大学は志望する学部・学科の学びに興味・関心を抱いていることや、学力の3要素（64ページ）を満たしていることを求めていますが、その内容とピッタリ合う価値や才能を挙げられる人はあまりいません。むしろ、それを意図的にやればやるほど、胡散臭いアピールになってしまいます。

　それならば、「私の価値や才能があれば、このようにアドミッ

ション・ポリシーを達成することができる」とストーリーを語ればよいのではないでしょうか。そして、そうした示し方であれば、どういう価値や才能であっても結び付けることができるでしょう。

　ただし、この項目を具体的に自己アピール文に示すかどうかは、制限字数とキミの判断次第です。文章としてアピールしてもよし、面接試験で語れるように準備しておいて自己アピール文には記載しないという判断でもかまいません。

50 | 過去の成長物語

「過去の成長物語」の中に含めたい3項目

❷ 成長物語
Ⅲ 過去の成長物語

　つぎに、このアピールポイントが実際に表れたストーリー（成長物語）を記します。このストーリーは、いわゆる過去の話をします。Core Identity を見つけ出した代表的な事例をもとに、どのように成長したのか、分析（129ページ）した結果をまとめます。

　　ⓓ　過去の体験
　　ⓔ　価値・才能による変化
　　ⓕ　さらなる価値・才能の開花・成長

過去の体験

　Core Identity を活かした体験を整理します。ここではキミの才能がどう花開いたのかを表す体験の概要を示します。なお、体験を記す際、延々と語り続けてしまい、肝心なⓔ、ⓕを記せずに終わってしまうことがあるので、「いつ」「どこで」「誰が」「誰

と」「何のために」「どうしたか」という要点をまとめ、他は字
数に合わせて調整するというくらいがよいのではないでしょう
か。

価値・才能による変化

　そして、自分がどのように思考・行動を変化させたのか、と
いうことを語ります。おそらく人生のハイライト（268ページ）
を見つめることを通して、キミの価値や才能によって他者や環
境、自分の世界観が変わる姿を振り返ったと思います。では、
自己と環境がどう相互に関係し、自他にどのような変化をもた
らしたのでしょうか。「こういう状況を、自分と他者はどう捉え、
どういう経緯で、自他はどのように変わったのか」、その様子
を丁寧に分析します。

誰 の 自 己 ア ピ ー ル な の か

　自己アピールをするとき、「他の部員や顧問の先生のおかげで成長しました」というよう
に、いつの間にか他者アピールになってしまうときがあります。他者への感謝の気持ちが
もてるという自己アピールとして表現しているのかもしれませんが、他方で、自らの成長を
自らの力で行わず、他者に依存していると捉えられるおそれがあります。実際には、成長
や情熱は環境に影響を受けるものでもあるので、この気づき自体は誤っているものではな
いのですが、「自己」アピールにならない「表現」となっていることに課題があると思われ
ます。
　ということは、視点を「他者」から「自己」へ移せば、見え方が変わるということです。
たとえば「情熱をもった学びの場を選ぼうと、意識の高い部員や顧問がいる環境に身を
置いた」などと自己の視点で述べたのちに、「成長が望める環境を自らの手で選択し、自
己研鑽を重ねてきた」と自分の力でGrowth Mindset（84ページ）に基づいて行動している
様子が見えると、違う姿が表現できるはずです。

さらなる価値・才能の開花・成長

　ここまで分析を進めていくと、キミに新しい価値や才能が生まれませんか。成長・変化したということは、経験によって新しい価値が生まれたということにほかなりません。言語化が難しいならば、再びCore Identityを探りにいき（266ページ）、同じワークを通してその変化を知ると、よいかもしれません。

「原体験」という怪しい原因探し

　過去の体験を探る際、「それが今につながる原体験だ」として後付けでストーリーをつくらないように気を付けてください。物事は複雑で偶然起こるものです。しかし、原体験探しは、物事を単純にわかりやすく捉え、自分自身にバイアス（偏見）がかかってしまうおそれがあります。Core Identityに縛られるのも同様です。過去に呪縛され「過去思考」に囚われてしまうこともあります。未来に向けて思考することが、キミを幸せに導きます。あくまでも自己を俯瞰するという目的で取り扱いましょう。

51 | 未来に向けた成長プロジェクト

「未来に向けた成長プロジェクト」の中に含めたい3項目

Ⅳ 未来に向けた成長プロジェクト

　ここまで成長を遂げてきたキミを肯定しつつ、さらに成長を遂げるためにはどうすべきか、ということを語りましょう。過去、成長した経験をもとにしながら、どういう世界を描いていきたいのか、そのために大学での学びをどう位置付けたいのか。言い換えれば、**自分の価値や才能を大学入学後の人生でどう活かしていきたいのかを示します。**

　g　ビジョンの提示
　h　価値・才能を活かした大学での学びへの意思表示
　i　大学での学びを通した未来づくりへの意思表示

ビジョンの提示

　キミが大学に入学するのは、未来をつくる学びやその環境を求めているからだと、私は信じています。そして、最高善（higher good）を目指していることも共有しています。それらを踏まえ、どういう未来をつくりたいのかを述べます。

価値・才能を活かした大学での学びへの意思表示

そのうえで、キミが得てきた価値や才能を、大学での学びに「どのように」活かしたいのかを述べましょう。そのためには大学での学びの姿を理解することが大事ですし、それを前提にして「自分が大学に入学したあと、どのように学んでいくのだろう」と考えます。オープンキャンパスや研究室訪問などで大学の先生と対話しながら、大学での学びの実際を知ったうえで、入学後の自分の姿をイメージして、語ってみましょう。

大学での学びを通した未来づくりへの意思表示

そして、キミの価値や才能によって得た大学での学びを、ビジョンの実現にどう活かすのかを記します。目指す職業が決まっている人はイメージしやすいですが、そうでない人は「どういう仕事なら自分を活かせるのだろうか」「どういう未来がつくれるのだろうか」と考え、必要に応じて調査を加えるとよいでしょう。

　自己アピール文を考えるにあたり、自分自身がどんな思いをもち、どう解決して未来につなぐか、というストーリーが必要だと語られることがあります。過去の自分にどういう価値があり、どんなことに感動し、あるいは悩んだりしているか。そしてそれを、どう解決してきたのか。このプロセスを、評価する側は見たいわけだ、と。そして、そのプロセスをもとにして得た成果でどういう未来をつくっていくのか、ここまでうまく想起させたいわけです。その方法として「葛藤を探す」ことを紹介してみます。

　自分自身が今までがんばってきたことや、集中して取り組んできたことには、何か葛藤があったはずです。どうにかしてその葛藤を解消しようと取り組んだ過程ががんばったことなのです。

　まず、どんな葛藤が生じていたか、振り返って考えましょう。葛藤の類型として、たとえば次のようなものがあります。

　「状況が悪い。だから、正したい」という場合。たとえば、みんなが幸せになるべきなのに、特定の人だけ幸せになっているという状況です。近いものに、「何かを変えたい、けど変えられない」という場合があります。

　あるいは、「壁があるけれど、冒険したい」「もっと知りたいけど、先に進めない」「愛着心があるけど阻害される」という場合もあるかもしれない。

　このような状況があって、葛藤が生じているのです。もちろん、複雑に絡み合っている場合もあると思います。

　これらの葛藤を解消するために、「深く知りたい」という思いが生じると思います。役立つ知識を得て、アクションを起こし、解決の方向に導こうとする。この解決の手法が、キミがもつ価値を判断する材料になります。表面的に解消するのか、深く考えて行動を起こすのか、違いが表れます。

　この違いは「見えない世界を見ようとしているかどうか」です。多くの人は目の前にあるものだけをもとにして、解消しようとします。表面的にしか問題を見ていないわけです。

　ここで、より深く問題を捉えるにはどうしたらよいでしょうか。ここでも、志望理由を探る際に説明した氷山モデル（131ページ）が使えます。

　何か対立が起こったときには、まず様々な行動を見て、パターンを見抜く。そしてそこには、複雑な問題が絡み合っている。そこで、自分にはどの領域の知識が足りていないのか、視点を切り替えてみる。さらに、その根っこにある、価値観の対立を見抜くことができれば、かなり深い思考ができる。

　つまりは、「見えない世界をどうやって見ようとするのか」を考えることに尽きます。自分が今、心の中に葛藤を感じているときに、「広い視野で見ようとする」という水平思考と、もっと深掘りした「なぜそういうことが起こるのだろうか」という垂直思考、この2つをうまく合わせることが大切です。

　ここで考えた行動をとったときに、うまくいくときもあれば、もちろんうまくいかないときもあります。でもそれは、どちらでもよいのです。失敗することも当然あります。

　肝心なのは、解消するときに視野を広げ、深めたのかということです。それは、過去の自分が意識的に考えていなくてもよくて、今の自分が分析的に捉えたらどうなのか、という視点で振り返ればよいのです。

　ここで得た力をもとに、未来にどうつなぐのか、大学に進学する、社会に出るというときに、自分が解消したこの対立と、そこで得た探究をどう活かすのか、考えてみてください。

ここに注目してほしい

　自己推薦書で「本学部所定の用紙を用いて、以下の点に留意し、志願者本人が1000字以内で自己PRを書いてください。① AO入試で志望する理由、② 小学校教員になることに対する熱意や適性、③ 入学後の学修計画（単なる履修計画ではなく、自主的な学修計画（たとえば、ボランティア、アシスタントティーチャー、学外活動等））」と求められていました。志望理由と掛け合わせながら自己アピールすることが求められています。ここでは自己アピールという側面から分析してみることにします。

---

1 私は、○○市の青少年育成と地域交流の活発化を図る目的の団体に中学1年生から所属し、○○市の○○○中学校地区会長と市の代表を兼任しました。現在も団体に所属し、活動を続けています。これらの体験の中で、子ども達の主体性について考えたとき、子ども達が物事に対して無関心すぎることに気がつきました。ゆえに私は、子どもたちの物事への「探究心」を取り戻し、主体的に活動できる方法を考えるために、横浜国立大学教育学部を受験しようと決めました。

2 日々の活動の中、自発的に考えて行動することが苦手な子ども達が多いことを私は実感しています。たとえば、所属する団体では、リーダー同士が交流する目的で様々な規模の交流研修会へ参加したり、市や県が主催となるイベントへ参加したり

するなど、他者と対話をする機会が多くあります。しかし、話し合いをする際、趣旨から外れたり、発言を全くしなかったりする子が多く、どのようにすれば一人一人の意見を引き出し、自ら参加させることができるのか、苦労しました。この様な事が起きる背景には、参加者が能動的に参加していないことがあると考えられます。今振り返ると、主体的に取り組める課題だったのか、参加者が取り組みやすい安心・安全な場になっていたのかなど、私たち運営側が「主体性を育む」ということに正面から向き合えていなかったのではないかと考えています。

3 近年、グローバル化によって多様な価値観や意見が存在し、急速に変化する社会となってきています。その中で生き抜くためには、個人の学びの活性化とともに、その成果を社会的に活用していく力が必要だと感じています。横浜国立大学では実践的な授業を一年次から身につけられるカリキュラムがある一方、主体的に学ぶために必要となる場づくりや、授業設計についてご指導いただける先生方がいることを、オープンキャンパスで知ることができました。「主体性を育む学び」をするためにどのようなアプローチをすべきかということについて考えを深め、教員としてそれを実践できるように成長していきたいです。

[アドミッション・ポリシー]

教育学部（学校教員養成課程）が求める学生像

　教育学部の教育理念は、教育現場の未来を支えるべく、多面的かつ包括的な視野と洞察力とを兼ね備え、社会の変化に柔軟に対応できる次世代の教員養成を目指すことにある。教育学部（学校教員養成課程）は、学校教育に関心が高く、教員として子供の学びへの支援の方法を能動的かつ協働的に創造していこうとする強い熱意を有する、次に示す人を求める。

・教員として、子供とコミュニケーションをとりながら共に学び続けたい人
・学校教育の充実、創造に貢献したい人
・特別支援教育の充実、創造に貢献したい人
・現代的な教育課題に対して、他者と協働的に広い視野に立った解決策を構想し実践したい人

教育学部（学校教員養成課程）が入学者に求める知識や能力・水準

　教育学部（学校教員養成課程）が入学者に求める知識や能力・水準は次によるものとする。

・子供と共に未来を切り拓いていくために、高等学校までに身に付けた知識・技能を現代的教育課題の解決に活用する力
・高等学校までに身に付けた知識・技能を前提とし、現代的教育課題の解決に必要な視野の広い思考力・判断力・表現力
・教員として子供と関わり、主体性を持って多様な人々と協働しつつ学ぶ態度やコミュニケーション能力

〔横浜国立大学ウェブサイトより引用　https://www.ynu.ac.jp/education/plan/initiative/admission/edu/〕

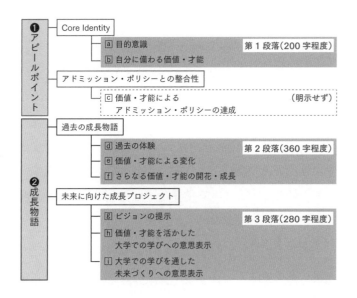

自己アピール文を考えるプロセスを見てみよう

　9項目のうち、8項目を明示しつつ、「ⓒ 価値・才能によるアドミッション・ポリシーの達成」については面接で回答できるように準備をしました。要件として志望理由とともに語る必要があったためです。

　もともと彼女は、青少年育成と地域交流の活性化を図る団体に所属していました。しかも市の代表を務めるなど、色々なことを経験していることがわかります。その経験から感じたキーワードが、「探究心」と「主体性」だったのです。

　というのも、自発的に考えることが苦手な子が多かったからです。リーダー同士が集まるはずの場なのに、どこか他人事の

ようにふるまう子どもたちもいて、その場を取りまとめる役目の彼女は相当苦労したそうです。最初は彼女のもち前の明るさで何とかがんばってきたそうですが、だんだんとメンバーが依存してくるようになったといいます。彼女に任せておけばいい、何とかしてくれる、といった捉え方をしていたようです。

　そこで、どうすれば本人たちが、自発的に行事に参加するようになるかを考えたそうです。彼女にとってみたら、主体的にみんなが判断しながら生きる世界をつくりたい。しかし、実際にはそういう活動を「意識的に」行っていたわけではなかったことに気づきます。

　主体的に取り組める課題だったのか、参加者が取り組みやすい安心・安全な場になっていたのかなど、私たち運営側が「主体性を育む」ということに正面から向き合えていなかったのではないか

という記述からもわかります。つまり、その中で苦悩はしましたが、解答は出なかった。そのときに出会ったのが横浜国立大学だったのです。この大学には、教育現場の現実をもとにしながら、どういうふうに主体性を育むのかを研究する研究者がいたのです。この先生のもとで「探究心を取り戻すためにはどうすればいいのか」という見通しのない問いを立て、「知」を生み出し、将来教育の現場で活躍したいと考えました。

アドミッション・ポリシーとの照合

　彼女はイベントなどの運営者が「主体性を育む」ことに正面から向き合えていないことに気づき、どうすれば能動的に取り組めるのかという問いを抱きました。その体験から「子どもたちの物事への『探究心』を取り戻し、主体的に活動できる方法を考え」たいと述べています。この記述と、別途提出が求められていた課題（学校の授業を設計するというテーマ）を重ねると、学校教育に関心が高いこと、「教員として子どもの学びへの支援の方法」を創造していこうという熱意をもっていることが伝わります。また、リーダーとしてコミュニケーション能力を求められていたこと、他者との協働性、解決策の構想と実践の意志を感じます。アドミッション・ポリシーに適う内容です。

どんな人が合格するか

　実際に自己アピール文を読み返すと、たしかに探究が甘い状況ではあります。しかし、本人はその自覚はできていて、研究の方向性、「知」を生み出す方向性がおおよそわかっていることが窺えます。「教育学部に行けば研究できる」ということが理解できているということです。こうした未来志向の強い自己アピール文だったからこそ、彼女の将来性を見て取ったのではないかと思います。彼女としては子どもたちをどのように変革させるべきなのかという考えや、変革したいという思いがよく伝わる自己アピール文でした。実際には、学部からの課題、小論文、面接試験を含めた総合的な評価をもとに合否が決まりますので、総力戦が功を奏した一例でもあります。

ここに注目してほしい

　自己推薦書において「高等学校では何に力を入れ、どのような成果を上げましたか。具体的に書いてください」という要求がありました。なお、同じ書面で志望理由を述べることも求められていました。本書で述べる自己アピール文と体裁が異なりますが、含めるポイントを選んで表現しています。

---

1 私は高校生活で、学業に加えて部の活動にも力を入れ、2年連続で県の強化選手に選ばれました。しかし、常に活動がうまくいったわけではありません。レギュラーから外れた一部の部員が「他人より目立った努力をする必要がない」という空気を生み出し始め、意識の高い部員に影響を与えかねない事態になったことは、スポーツを純粋に愛している私にとって非常に辛いことでした。

2 そのとき、まず自分が信頼を得る必要があると感じ、特にレギュラー外の部員の気持ちをまずは汲み取り、チームのあり方についての対話を行いました。そしてそれぞれが個人目標を設定し努力することを提案し、チームの団結力や実力を高めようとしました。

3 こうした取り組みを続けるにつれて、練習前や休憩時間に自主練習を行う人が増えるなど、春を迎える頃には徐々に意識が変わってきたことを覚えています。関東大会県予選では、先

行した個人戦においてマッチポイントを取られながらも重圧を押し退けて出場権を勝ち取りましたが、その力の源はチーム力にあったのだと思います。

4 今となってその頃を振り返ると、私は部員の心に寄り添い、受け入れるとともに、工夫してチームの発達を遂げようとし、いわばリーダーとしての素質を磨いていたのだと感じます。そのような努力が、創部以来初の団体戦関東大会出場を果たし、その後の大会でも県第3位という過去最高の結果を残すことを可能にしたと自負しています。

[アドミッション・ポリシー]

文学部では次のような資質・能力を有する学生を求めている。

・慶應義塾の精神に対する十分な理解、および学問に対する意欲と向上心
・先人による古典類から最新の研究成果が書かれた論文に至るまでの諸文献を読み込み、理解するための基礎となる語学力（日本語、および英語・フランス語・ドイツ語・中国語）
・与えられた課題に対して論理的に思考し、それに対する自分の考えを正確かつ十分に記述する能力
・現在の社会や文化の成り立ちを理解するための基礎となる歴史的な知識（日本史または世界史）

これらは、文学部が設置しているすべての専攻（省略）に共通しており、入学後、それぞれの専攻における独自のカリキュラムに従って、専門的な知識や能力を身につけてゆく。したがって、文学部に入学する者は、これ

らの専攻が対象とするいずれかの学問に対する関心・好奇心を有することもまた必要である。

以上の方針に基づき、一般入試を実施する。さらに、この方針に沿いつつ、より多様な人材を入学させるための自主応募制による推薦入試（自己推薦入試）や、帰国生入試や留学生入試を行う。（中略）自主応募制による推薦入試は、高等学校で一定の評点に達していることを条件に、在学中の活動実践や社会的活動をも加味した総合的な考査によって選抜する。（後略）

〔慶應義塾大学文学部ウェブサイトより引用　https://www.flet.keio.ac.jp/about/policy/index.html〕

自己アピール文を考えるプロセスを見てみよう

9項目のうち、満たしているのは5項目です。これは、同じ

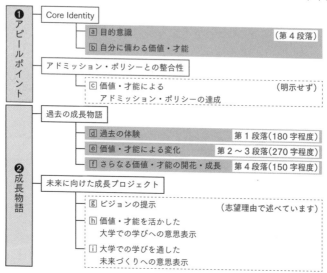

紙面で志望理由を述べることが求められ、さらに制限字数が600字程度と厳しいことから、志望理由と統合できる箇所はできる限りまとめる手続きを踏んだ、という経緯があります。

　おそらく自己アピール文を書く場合、学業や部活動の体験を素材にするのが書きやすいため、多くの受験生がその選択をすると思われます。彼女は部活動の実績を素材にしました。その中で、どんなことを経験・体験したのかということを振り返っています。

> 常に活動がうまくいったわけではありません。レギュラーから外れた一部の部員が「他人より目立った努力をする必要がない」という空気を生み出し始め、意識の高い部員に影響を与えかねない事態になったことは、スポーツを純粋に愛している私にとって非常に辛いことでした。

　彼女はこの経験で感じた「辛い」という気持ちを掘り下げました。部員それぞれ感じることや考えることには違いがあり、もちろん部活動に取り組む際の温度差もあるはずです。しかし、彼女はそれを考えず、「自己主導型知性」（260ページ）に基づいて行動してしまったと振り返ります。それに気づいて、「みんなで対話しよう」と思い、気持ちを汲み取る努力を始めます。価値観の対立とチームの成果との共存をどうするかという難題に取り組んだわけです。

　具体的には、個人目標を設定することを提案したそうです。

部活動を趣味でやるのか、結果を残そうとするのか、という論争はよくあることです。それを「みんなで全国大会を目指そう」という旗の掲げ方ではなく、「それぞれの価値観とパフォーマンスの向上の仕方に委ねよう」としたわけです。そうしたところ、メンバーは自分で解決しようと意識が変わっていったそうです。本来ならこの過程にも葛藤や問題はあったのでしょうが、そこを上手に描き切れなかったことは心残りです。ただ、結果として彼女の場合はうまく成果を出せたそうです。「協調的なリーダーシップのもち主」と思うのは、自己主導的なリーダーシップのあり方から、自己変容型のそれへと変えたという「成長」を成し遂げたからです。

　さらに分析すると、彼女は対立を体験して「人はみんな違う」という気づきを得たわけです。世の中には、いろんな人がいて、様々な価値観を有しています。そうした中で、彼女は弁証法的な解決をしようとしました。言い換えると、人が求めている世界はそれぞれ違う、ではどのラインだったら部活動にコミットしてもらえるのか、ということについて対話したのです。

　こう考えると、いちばんアピールすべきポイントは、価値観が違う人たちの対立をどう解消し、最高善に近づけるのか、それを考えられるリーダーシップのもち主だったという点です。「自己変容型知性」の段階にあるということなのです。

アドミッション・ポリシーとの照合

　まず1つ目の、慶應義塾の精神。「独立自尊」「実学」「気品

の泉源」「半学半教」「自我作古」「社中協力」というキーワードがあります。これらの言葉と意味、歴史的経緯を丁寧に探ります。これらと結びつくような体験や学びの姿があれば、「自分はどういう才能や価値をもって、その体験や学びに取り組んでいたのだろう」と思いを馳せることができます。彼女の文章では、相手も自分も尊重しようとする「独立自尊」の姿勢が見えます。

　2つ目は、語学力。8つの知能（259ページ）でいう「言語的知能」「対人的知能」にあたる部分です。調査書と外部検定試験のスコアなどでその力を示すことはできますが、もし探究活動や留学、学校の授業等で語学力を活用した体験があれば、たとえば「私は言語的知能をどう育んできたのだろうか」と振り返ることができます。彼女は外部英語検定試験を受験した際にCEFR（外国語の学習・教授・評価のためのヨーロッパ言語共通参照枠）でB2レベルを取得していましたし、試験で和文英訳も課されています。

　3つ目は、思考力・判断力・表現力です。「論理・数学的知能」「空間的知能」「音楽的知能」「身体・運動的知能」など、様々な知能が当てはまりそうなところです。かず・え・おんがく・からだに関わる体験を振り返り、どういう思考を巡らせ、どう判断し、表現したのか、丁寧に分析するといいですね。

　4つ目は、歴史的な知識をもっていることです。現在の社会や文化の成り立ちを理解するためには、基礎となる歴史的な知識（日本史または世界史）がないと難しい、ということを示して

います。だから、歴史に造詣が深い人、もしくはそういう知識を獲得しようとする学びを行っている人が望ましい、と読み取れます。調査書で示すこともできますし、探究をしてきた内容でもアピールできます。

そして、箇条書きで要点が書かれているその後の文章で、専門としたい学問に対しての深い学びがあるかどうかを見ると述べています。さらに、推薦入試では、高校在学中の活動実践と社会的活動があるかどうかも重要ということです。つまり、活動実践や社会的活動を通して、文学部の専門的な学びに触れ、学びに向かう力が得られた、というようなことをアピールしてください、と読み取れます。

つまり、アドミッション・ポリシーを整理すると、それを起点に「自分はこういう才能や知能を、こういう場面で活かした」「この体験からこういう価値を得てきたのだ」という気づきが得られるのです。アドミッション・ポリシーと対話すると、自分が気づけなかった「自分」が見えてくるかもしれません。

どんな人が合格するか

自己アピールというのは、過去のことを振り返って自分自身にどんな価値があるのか、丁寧に追いかけ、価値づけすることです。そして、彼女は「自己変容型知性」を得た、で終わらなかったということです。自己推薦書では志望理由の記入も求められていましたが、学びに向き合うことで自分の価値や才能を今後も活かせる、ということを一緒に語っています。

　このように自己アピール文を捉えると、志望理由書で描いた
キャリアビジョンと密接に関わるということがとてもよくわか
ります。自己の成長とともに、共存する他者と信頼関係を築き、
その中で葛藤や困難や壁を抱えながらも、それらを乗り越える
のに必要なのはまさに自分の価値や才能なのだということを、
彼女から教わりました。

どんな表現力を、どう評価するか

　大学受験の領域にいると、表現力のことを「文章表現力」だと捉えることが一般的かと
思います。このときの目的は、おそらく「大学教育に耐えられる文章表現力をもつかどうか」
というものだと推測できます。そして「言語的知能」という側面から受験生を見つめよう
としています。
　ということは、目的がそれ以外だとすれば……もしかしたら大学側が見たい「表現」の
姿ではないかもしれません。だからアドミッション・ポリシーを把握することが大切です。
　表現の形態は文字だけでなく、数式、音楽、身体、表情など多種多様ですから、目的
に合った表現を求める試験があってよいわけです。物事について思いを馳せ、考え、表
現する。そのときの思考を、「その瞬間」、どう表現しているのかを見る試験形態があって
もいいのです。ポートフォリオなどで活動を行った瞬間の記録を残し、それを見るという
視点もあり得ます。
　逆に、一つの表現（作品）をもとに、評価軸を多様にして見つめてもよい。そのために
評価基準を用意して複数の指標で評価することもあります。
　大学入試ではどういった瞬間の「表現」を見たいのか、評価すべきなのか。もしかした
ら別の試験形態がふさわしいのではないか。入試設計者のこうした丁寧な議論が必要だ
と思います。

合格答案を見てみよう ⑭

ここに注目してほしい

　290ページと同じ学部を志望した高校生の答案を紹介してみます。こちらはできる限り9項目をどう織り交ぜるのかを思案した末のものです。自己推薦書全体で何を織り交ぜるか、という点は戦術に委ねるところです。

---

1 共同体の中で利害関係が相反することは多々ある。その中でリーダーがいかに構成員にとって発言しやすい環境を作り、構成員の最高善を模索するかということに力を入れた。たとえば、部活動で、広報やメンタルトレーニングの役割を担うことや、学級委員の活動の中で学級環境を保全する取り組みを行う過程で利害調整能力を養った。課題を設定し、ときには革新的な取り組みを提案し、構成員の状況を把握しながら、指揮統率するという繊細かつ、大胆なリーダーシップを求められた。私はこうして調整の過程で他者の細やかな心情を受け取る感覚や気づきの重要性に気づいた。また、上記の経験は共同体で生きる人間にとって重要な成長過程だ。

2 他方、英検〇級を取得した。もともと語学の習得に興味があり、英語にかかわる書籍を読み、いわゆる4技能の重要性を学んでいた。英語を学ぶにあたって、コミュニケーションの道具としてだけではなく、いかに論理的に論じることができるのかを重視してきた。また、将来的には英語という言語を用いな

がら、いかに互いに内的な対話を行うのか、というところまで挑戦したいと考えている。そのために、コミュニティ学の本はもちろんのこと幸福論や年金制度などジャンルを問わずあらゆる本を読んでいる。社会学を専攻すると、将来は英語圏の人々に対して調査をする必要性が生じることが起こり得る。そのさい、現地の人々の現状を肌で感じ取り、創造的に解決策を講じる人間になれるよう、引き続き学んでいきたい。

[アドミッション・ポリシー]

文学部では次のような資質・能力を有する学生を求めている。

・慶應義塾の精神に対する十分な理解、および学問に対する意欲と向上心
・先人による古典類から最新の研究成果が書かれた論文に至るまでの諸文献を読み込み、理解するための基礎となる語学力（日本語、および英語・フランス語・ドイツ語・中国語）
・与えられた課題に対して論理的に思考し、それに対する自分の考えを正確かつ十分に記述する能力
・現在の社会や文化の成り立ちを理解するための基礎となる歴史的な知識（日本史または世界史）

これらは、文学部が設置しているすべての専攻（省略）に共通しており、入学後、それぞれの専攻における独自のカリキュラムに従って、専門的な知識や能力を身につけてゆく。したがって、文学部に入学する者は、これらの専攻が対象とするいずれかの学問に対する関心・好奇心を有することもまた必要である。

以上の方針に基づき、一般入試を実施する。さらに、この方針に沿いつつ、より多様な人材を入学させるための自主応募制による推薦入試（自己推薦入試）や、帰国生入試や留学生入試を行う。（中略）自主応募制による推薦入試は、高等学校で一定の評点に達していることを条件に、在学中の活動実践や社会的活動をも加味した総合的な考査によって選抜する。（後略）

〔慶應義塾大学文学部ウェブサイトより引用　https://www.flet.keio.ac.jp/about/policy/index.html〕

自己アピール文を考えるプロセスを見てみよう

　この自己アピール文は9項目のうち8項目を織り交ぜています。特徴は第2段落で「❷成長物語」の文脈で志望理由と織り交ぜながらアピールした点です。設問の要件に「資格を取得し

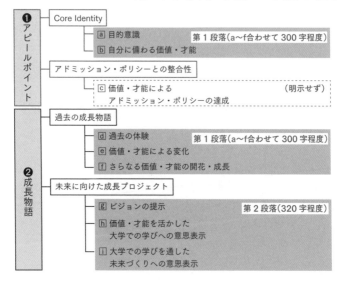

た場合は、そのことについても触れてください」という記述が
あったことからの措置です。設問要求に色々な要件が課される
ことがありますので、それを満たすことも意識しましょう。

　彼は活動的な性格だったようです。その彼が考えたことは、
チームのメンバーが意見を言える環境を整えたい、ということ
でした。対立軸としては、自分の思いが伝わらない人も多いか
ら、メンバーの最高善を模索する方法を考えたい、ということ
です。

　彼の体験というのは、次のようなものでした。部活動の中で、
自分の言っていることがうまく伝わらない、部活動で反映され
ない、そういう上下関係の中で起こる葛藤を感じていました。
本当は、人はフェアでいるべきなのに、という思いがとても強
かったし、みんなが幸せになる方法を考えるべきだ、と思って
いました。

　その中で自分自身が利害調整能力を養って、お互いにフェア
になれるようにしよう、ときにはやっぱり新しい取り組みを
やってみよう、といったように、構成員の状況を把握して指揮
統率するという形でリーダーシップを発揮しました。一方で、
相手をフォローしたりもしました。こうして、組織を動かすた
めにどうすべきかを経験してきたそうです。だから前半部分を
見ると、彼が丁寧に課題解決に努めた姿がよくわかります。

　後半部分は英検、つまり語学の話をしています。英語を学ぶ
ことに対して彼がモヤモヤしていたのは、コミュニケーション
の道具として捉えがちだったからと気づいたという体験です。

いかに自分自身の主張を展開して、相手に納得してもらうのか、という段階までレベルを上げたかったのだけれど、なかなかうまくいかなかった。だから、できるようになりたいと考えていたのです。

その葛藤に対して、彼は、語学だけではなく、様々な視点をもつことではじめて論理的に語ることができるのではないかと考えたわけです。語学を単純なコミュニケーションの道具として捉えず、いかに自分の思考を深めるのかということに注力したいと考えました。

アドミッション・ポリシーとの照合

この自己アピールの部分以外に、志望理由を記すことが求められていました。両者を眺めると、慶應義塾の精神のうち「独立自尊」「実学」を備えた受験生であることが伝わりました。

また、英語の実力や自己アピール文での言葉遣いから、語彙力を有していることが伝わります。読み込むための語学力を有しているのではないかと期待できる文章です。加えて、与えられた課題に対して論理的に思考し、自分の考えを正確かつ十分に記述していることもわかります。なお、別途論文や和文英訳の試験が行われていますので、このあたりはそちらでも評価されるものと思われます。

どんな人が合格するか

彼の場合は、少ない字数ではあるけれども、対立や葛藤の中

で、深掘り・探究をしている姿がよく見える文章だと思います。実績自体は部活動や学校行事に関するものであって、課外活動やコンテストなどの受賞歴はありません（ただし、私は、外の世界を覗くことは本来的には大切だと思っています）。しかし、自分を成長させようという意志と、その積極的な取り組み、自分の価値を高めようと努力してきた姿がよくわかります。

また、彼の素晴らしいところは、様々な書籍に触れ、知見を広めようとしたところです。わかる世界で捉えようとせず、「様々な視点から物事を見つめよう」と意識するだけでなく、実際に行動して、自己変容しようとした姿がよく表れています。

クリエイティブ・マインドセット

アメリカのデザイン会社IDEOの創業者であり、スタンフォード大学教授のデイヴィッド・M・ケリー氏は、『クリエイティブ・マインドセット』という書籍で「人なら誰でもクリエイティブだ」というメッセージを語っています。創造性は常に結果論であり、問題を解決するための名案をいきなり思いつくのが創造性ではなく、何百回と試行錯誤を繰り返した末に最良の解決策にたどり着くのが創造性であると説きました（ぜひ原典を読んでみてください。ここまで本書を読んだキミなら、心に響くところがあるはずです）。

キミは自己アピール文を考えるため、幾度となく困ったことや改善したい事柄を何とかしたいと思い、日々試行錯誤を繰り返しているはずです。大学に合格したい、社会で活躍したいという思いはあるけれど、まずは今日中にできることを考え、実際に活動しています。まさに、創造性をもつ人の行動といえます。

そして、創造性は一から生み出す必要はなく、人がすでにもっているものを再び発見する手助けができればいいといいます。そして、そのアイデアを実行に移す勇気を組み合わせることが、創造力に対する自信となるというわけです。小さな成功を積み重ね、自分の創造力を疑う気持ちを払いのけることで、挑戦する回数が増え、建設的な失敗を重ね、ひらめきが生まれるといいます。イノベーションや創造性にとって、試行錯誤の繰り返しは欠かせません。アイデアを行動に移すことが大切だと、ケリー氏は唱えています。

これからの未来をつくるキミならば、日本がかつて歩んできたような「空気や雰囲気を読む力」のみならず、「クリエイティブな思考や雰囲気」をつくり出せる力が欠かせないことがわかると思います。そして、本書を通して、そうしたキミの片鱗が見え隠れしたのではないでしょうか。創造性のあるキミの姿を、自己アピール文で表現できるといいですね。

ここに注目してほしい

　出願時にエントリーシートに「現在までの学習や日常生活から学び得たこと・自分の長所・特技など」「出願する学域を志望する理由」「卒業後の進路についての展望」の3点を記すように指示がありました。また、プロポーザルシートでは「入学を希望する学域に関連するテーマを1つ取り上げ、考えるところ」を述べることが求められていました。そのうちの自己アピールの部分を取り出して、紹介しようと思います。

　以下は現在までの学習や日常生活から学び得たこと・自分の長所・特技などを1200字程度で記入したものです。

　私は次の4点を自己の特徴だと考えている。
①哲学的思考
　私は高校1年生の夏から1年間、アメリカ留学をした。そこで言語による伝達に限界があると気づき、言葉以外の方法でのコミュニケーションとは何かと自己対話を繰り返す中で、絵画や漫画・アニメといったメディアに可能性を見出した。これら「視覚」を伴うメディアは、言語だけのコミュニケーションでは難しい感情の共有を助けることができる。例えば、『○○○の○○○』の脚本を読むだけより、実際に作品を鑑賞した方が感動する人は多くなるだろう。これは、「言葉」に「視覚」を加えると無意識に自身との共感点を見つけ、感情を高めようと

する構造があるからかもしれない。

　この気づきから私は、メディアとしての漫画やアニメの分析を始めた。分析を通して、物語におけるキャラクターと、それを活かすための背景や世界観の作りこみといった構造が見て取れた。

　こうした眼差しを獲得したことは、現在も役に立っている。例えば、授業などで現代の様々な問題について議論する際や、自分の研究を発展させていく上で、こうした視点は必要不可欠である。今後の研究活動においても意識したい。

②問題・課題を把握し、解決策を立案する力

　高校2年生の時に、「○○区を盛り上げるプラン策定」に挑戦した。○○区は人口減少と地域産業の低迷が予測され、観光資源を十分に活かしきれていないとの調査結果があった。私は、○○区を舞台としたテレビアニメが放送され訪れてみたい日本のアニメ聖地に○○区が選定されたことをヒントに、日本の漫画・アニメの舞台装置としてよく用いられる「学園生活」を体験できるアニメツーリズムによる地域活性化プランを立案した。このプランは○○区の観光協会理事から好評価を受け、区への正式提案に向けて動いている。

③リーダーシップとフォロワーシップ

　私は集団の中で、その構成員の感情を読み取って行動する。例えば授業でグループ討論をする際、積極的に発言をする人が

いれば私は傾聴に徹する。反対に、発言がない場合は、私自身が積極的に意見する。このように私は周りの状況を俯瞰し、場に応じて自分の役割を選び、仲間をゴールに導くことを得意とする。それが評価された例として、高校2年生の学園祭準備の時には、入場門（アーチ）の制作を生徒会本部から依頼され、コンセプト会議からデザイン、資材購入から大工仕事までをタスク化し役割分担を行い、円滑なチームビルディングができた。

④積極性・主体性

　研究プロジェクトでは、自らの研究をより学術的かつ学際的に発展させるために専門家や大学教授などに取材をした。例えば高校2年ゼミのフィールドワークでは、在日外国人が直面する「言語の壁」を調査するために、〇〇区国際交流協会に、日本語教室への取材許諾をお願いした。さらに、②で述べたプラン立案の際に、〇〇大学の〇〇教授からヒアリングさせていただくなど、研究活動においても、自主性を持って行うことを心がけている。

[アドミッション・ポリシー]

文学部では、以下のような学生を求めています。
（1）人文学の分野・領域に対して深い関心と探究心を持つ者
（2）人文学を学ぶために必要な基礎学力を有する者
（3）学域・専攻での学びを通して幅広い知識と豊かな表現力を身につけて、人間と社会が抱える諸問題を主体的に追究・解決しようとする意欲を持つ者

〔立命館大学文学部ウェブサイトより引用 https://www.ritsumei.ac.jp/letters/policies〕

自己アピール文を考えるプロセスを見てみよう

　9項目のうち、おおよその項目を述べていますが、一緒に提出する志望理由でも述べている部分があるため、書類全体で項目を満たしました。

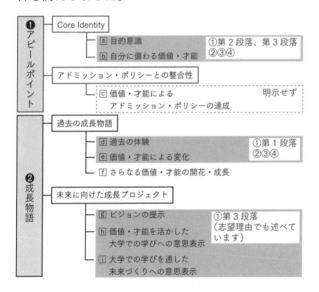

　自己アピールを考えるにあたり、彼にこれまでの実績や活動を尋ねてみました。すると、留学、地域活性化プランを立案し評価されたこと、学園祭での活躍、ゼミでのフィールドワークなど、数多くの経験を語ってくれました。高校ではかなり活発に学内・課外活動を行ってきた様子です。彼は学校内外での取

り組みが豊富にあったため、自己アピールの素材を絞り込むか、複数のアピールを行うかという選択を迫られ、結果として、後者を選択しました。

　一方で、自分自身への影響が最も大きな体験は留学だと述べてくれました。海外でコミュニケーションをとるさいに、漫画を描きながら、苦心して意図を伝えたことが度々あったそうです。こうした「『言葉』に『視覚』を加える」ことの効果について気づいた瞬間があり、そのことが興味・関心のある漫画・アニメ研究と重なったといいます。留学と漫画・アニメとの重なりに、彼の独自の視点を感じ取ることができます。

　また、この経験から得た「構造を読み取る」という眼差しが、授業での議論や自分の研究を発展させる上で不可欠であるというまとめをし、汎用的な能力を身につけたという表現をしています。留学、漫画・アニメ、授業・研究という３つの要素を「構造」というキーワードで一貫させたところが、興味深いところです。私が面接官であれば、このあたりの着想について深掘りしてみると思います。

　実績を示すときによくありがちなのは、「過去こういうことをがんばった」という記述に留まることです。気をつけたいのは、過去の事実を示す意味を誤らないことです。「こういう経験をしたから（事実があるから）、こうした能力が身についた」というように、能力を裏付けるために、実績を示しましょう。

　彼の自己アピールは、４つの実績（留学、地域活性化プラン立案、学園祭、フィールドワーク）をもとに、それぞれ「哲学的思考」「問

題・課題を把握し、解決策を立案する力」「リーダーシップとフォロワーシップ」「積極性・主体性」という能力が身についたことをタイトルで表現し、内容の詳細を記しています。このタイトルがあるおかげで、単なる実績自慢になることを回避しています。

　理想を言えば、①〜④それぞれに 9 項目を含めたいところです。しかしながら、限られた字数の中に収める必要があることから、最も経験として大きな影響を与えた①に多めの字数を割き、②〜④は実績の説明の中でできる限り身についた能力が得られた過程を説明するという内容となっています。また、「未来に向けた成長プロジェクト」については、一緒に提出する志望理由の部分で主に表現することにしたようです。

アドミッション・ポリシーとの照合

「(1) 人文学の分野・領域に対して深い関心と探究心を持つ者」については、志望理由でも述べていますが、「①哲学的思考」の記述にある漫画・アニメ研究でも、表現できています。なお、試験ではプレゼンテーションが求められ、この項目についての深掘りがなされたそうです。

「(2) 人文学を学ぶために必要な基礎学力を有する者」については、調査書の記述内容をもとに評価されると思われます。

「(3) 学域・専攻での学びを通して幅広い知識と豊かな表現力を身につけて、人間と社会が抱える諸問題を主体的に追究・解決しようとする意欲を持つ者」については、主に「②問題・課

題を把握し、解決策を立案する力」「③リーダーシップとフォロワーシップ」「④積極性・主体性」の記述から、その能力を持つことが推測できます。なお、志望理由では漫画・アニメ研究を軸に論じており、その内容からも読み取ることができます。

どんな人が合格するか

　豊富な経験があることに越したことはないと思いますが、彼はそれを実績自慢の道具にしてしまうのではなく、「その経験から何を学び取ったのか」などと経験を成長の糧として捉えていました。受験生には、自分自身の取り組みを俯瞰し、「どういう力が身についたのか」「今後はどのようにその力を活用できそうか」と振り返ることができるようになってほしいと願います。

　また、彼の表現することに徹底する姿勢に誠実さを感じました。長い期間彼と対話し続けましたが、常に表現したいことを私に率直に伝えてきました。彼の意思を尊重しつつ、どのように自己アピールや志望理由を構築するのかを議論してきました。「どうすれば合格するのか」というテクニックに走り、自分の主張を曲げてしまう受験生もいますが、彼はそうはなりませんでした。自分の研究を実現するためにはどうするか、自分がこれまでの経験でどのような力をつけてきたのか、ということを探究し続けたのです。

　対話するたびに彼が成長していく様子を目の当たりにし、毎回驚きました。書いてくる自己アピールや志望理由が日々進化

し、無駄が削ぎ落とされ、表現が工夫されていきました。対話の内容も深くなり、「そもそもなぜ自分は世界に存在するのか」という問いにまで達しました。自分の才能をどう世界づくりに活用するのか、という視点で自己アピールを考えられた彼を、私は尊敬しています。

☐ 人間はみな複数の知能が備わっているから、
　その多様性に気づき、開花させてほしい。

☐ 大人の知性を知り、自分がどう成長すべきかを認識しよう。

☐ 自己アピール文の目指すべきは
　「自分の価値・才能×成長物語×アドミッション・ポリシー」。

☐ 自己アピール文で書くべき項目は以下の通り。

　❶ アピールポイント
　　Ⅰ　Core Identity
　　Ⅱ　アドミッション・ポリシーとの整合性
　❷ 成長物語
　　Ⅲ　過去の成長物語
　　Ⅳ　未来に向けた成長プロジェクト

☐ Core Identityを探り、人生のハイライトを振り返り、
　成長物語を見出そう。

☐ 材料を9要素に分解する。

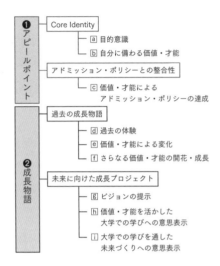

❶ アピールポイント

- Core Identity
  - ⓐ 目的意識
  - ⓑ 自分に備わる価値・才能
- アドミッション・ポリシーとの整合性
  - ⓒ 価値・才能による
    アドミッション・ポリシーの達成

❷ 成長物語

- 過去の成長物語
  - ⓓ 過去の体験
  - ⓔ 価値・才能による変化
  - ⓕ さらなる価値・才能の開花・成長
- 未来に向けた成長プロジェクト
  - ⓖ ビジョンの提示
  - ⓗ 価値・才能を活かした
    大学での学びへの意思表示
  - ⓘ 大学での学びを通した
    未来づくりへの意思表示

☐ 大学の書式によって、9項目のどれを入れるのかを決定する。

☐ 段落数の決定方法、字数の増やし方、減らし方、原稿用紙、出願書類への「再構成」については、志望理由書に準ずる。

おわりに

　この書籍を読む前のキミと、今のキミを比べてみてください。

　今では、志がはっきりし、大学で学びたいという想いが高まり、情熱に満ち溢れていませんか。

　情熱を育む過程で、多くの困難や壁があったでしょう。それらを乗り越え、自分を成長させたいと願う気持ちが培われていませんか。

　現実を知ったうえで、キミにとっての学びの本質とは何かをつかみ取り、未来をどう描きたいのかをデザインでき、もう実行できるようになっていませんか。

　はじめに「本当に大事なのは、受験生本人の『成長したい』という思いと志、そして最高善（higher good）を目指すこと」と記しましたが、この書籍ではキミの想いが高まるように、私が傍らで支えられるように、今もっている力を注ぎました。成長したキミが、未来に向けて輝きを放ってくれる。その素敵な姿を見られることを楽しみにしながら、筆を執っています。

　この書籍を読破してくれたキミだけに、最後に私が伝えたいことをお話しします。

一つは、Indirect Learningという学び方を意識してほしいということです。この書籍では志望理由書や自己アピール文を考えながら一種の問題解決を行ってきたわけですが、一連の思考を通して、「何を学んでいるのか」「学ぶことの意義は何か」「自分の存在の意義は何か」と考えてきました。志望理由や自己アピールという課題を解き明かすことを通して（Direct Learning）、間接的に自分のあり方について思考する（Indirect Learning）ことにつながったというわけです。目の前の学びは一つの側面を示したにすぎず、別の見方をすれば他の学びを得ているものです。まさにCritical Thinking。こうした学びの多様性をキミに知ってほしかったのです。

　もう一つは、志望理由や自己アピールを考える過程で「この私は何のために存在するのか」、つまり人間の存在意義を問うてほしいということです。これは私自身、いまも問い続けていることです。「本当に自分は存在すべきかどうか」、自分の存在そのものについて問いかけ、疑いながら、でも自分の存在の意義を強く願い、そういう自分になれるように自分自身を創ってきたし、それでもまだ見えません。自分の存在意義を問い続けることそのものが人生なのではないかと思うし、その過程で成長していくのだと実感しています。

ちなみに、この書籍を執筆しながら、「人生の物語は自分で
つくるものだ」という想いが私の根底にあることに気づきまし
た。なければつくればいい、Do It Yourself。他方、「数ある選
択肢のうち、どの大学を選ぶか」という選択の考え方を私はし
ないこともわかりました。キミがつくりたい未来を、どの大学
の、どのような学びでつくるのか、これが人生にとって最も大
事にしたいことだと自覚しました。クリエイティブキャリアデ
ザイン（創造的に人生をデザインすること）、キャリアクラフティ
ング（主体的に人生をつくること）という言葉を積極的に用いてい
るのは、そういう想いがあるからに他なりません。

　そのために、キミの内にある才能や価値を掘り出し、意味付
けをし、それらを育み、大学という学びの場でさらにキミの価
値を生もうとストーリーをつくる。それが本気の志望理由書の
肝です。こうした思考で大事なのは、サイモン・シネック氏
がTED『優れたリーダーはどうやって行動を促すか（How great
leaders inspire action）』で述べたように「why（なぜその研究をする
のか）」を突き詰めて考えることに尽きます。そして、whyは必
ず最高善（higher good）の実現というビジョンと結びつく。そ
して、「how（どのように研究するか、研究プロジェクト）」「what（何
を研究するか、研究テーマ）」はwhyの実現のために欠かせません。
この3つはキミの価値と才能と密接に結びつくし、それを伸び
やかに育てられる世界にしたいと、私は強く願っています。そ
して、こういう世界をつくるために、私は情熱を傾けています。

ここまで読んでくれて、本当にありがとう。

　きっと、キミと私とでタッグを組めば、未来をつくることができるでしょう。今日から最高善（higher good）をともにつくる「仲間」ですから。道半ばで苦しくなったり、迷ったりしたとき、一緒に歩みましょう。そして、この書籍を通して、受験生、保護者、高校、大学、教育業界という垣根を越え、新たな学びの共同体ができることを、心から望んでいます。

あなたと私の才能を持ち寄り　未来をつくろう

May the Force be with you.

2024年4月

神﨑 史彦

【参考文献】

□ Brad Stulberg、Steve Magness著『The Passion Paradox』(Rodale Books)

□ C・オットー・シャーマー著『U理論[第二版]——過去や偏見にとらわれず、本当に必要な「変化」を生み出す技術』(英治出版)

□ キャロル・S・ドゥエック著『マインドセット——「やればできる!」の研究』(草思社)

□ クレイトン・クリステンセン著『イノベーションのジレンマ』(翔泳社)

□ クレイトン・クリステンセン著『ジョブ理論 イノベーションを予測可能にする消費のメカニズム』(ハーパーコリンズ・ジャパン)

□ ダン・ロススタイン、ルース・サンタナ著『たった一つを変えるだけ クラスも教師も自立する「質問づくり」』(新評論)

□ フレデリック・ラルー著『ティール組織——マネジメントの常識を覆す次世代型組織の出現』(英治出版)

□ ハワード・ガードナー著『MI:個性を生かす多重知能の理論』(新曜社)

□ プラトン著『パイドン—魂の不死について』(岩波書店)

□ カント著『実践理性批判』『永遠平和のために』(岩波書店)

□ シュムペーター著『経済発展の理論〈上〉〈下〉』(岩波書店)

□ J. ピアジェ著『ピアジェに学ぶ認知発達の科学』(北大路書房)

□ ライル・M・スペンサー、シグネ・M・スペンサー著『コンピテンシー・マネジメントの展開(完訳版)』(生産性出版)

□ マーク・L・サビカス著『サビカス キャリア・カウンセリング理論』(福村出版)

□ マシュー・リップマン著『探求の共同体 考えるための教室』(玉川大学出版部)

□ ピーター・M・センゲ著『学習する組織——システム思考で未来を創造する』(英治出版)

□ ロバート・ラスムセン、蓮沼孝、石原正雄著『戦略を形にする思考術 レゴ®シリアスプレイ®で組織はよみがえる』(徳間書店)

□ ロバート・キーガン、リサ・ラスコウ・レイヒー著『なぜ人と組織は変われないのか——ハーバード流 自己変革の理論と実践』(英治出版)

□ ロザンヌ・サマーソン、マーラ・L・ヘルマーノ編著『ロードアイランド・スクール・オブ・デザインに学ぶクリティカル・メイキングの授業—アート思考+デザイン思考が導く、批判的ものづくり』(ビー・エヌ・エヌ新社)

□ ティム・ブラウン著『デザイン思考が世界を変える』(早川書房)

□ トム・ケリー、デイヴィッド・ケリー著『クリエイティブ・マインドセット 想像力・好奇心・勇気が目覚める驚異の思考法』(日経BP)

□ トニー・ブザン著『マインドマップ 最強の教科書』(小学館集英社プロダクション)

□ 大阪大学高等教育・入試研究開発センター編『未来志向の大学入試デザイン論』(大阪大学出版会)

□ 石井英真著『現代アメリカにおける学力形成論の展開 スタンダードに基づくカリキュラムの設計』(東信堂)

□ 井庭崇編著『クリエイティブ・ラーニング 創造社会の学びと教育』(慶應義塾大学出版会)

□ 馬田隆明著『逆説のスタートアップ思考』(中央公論新社)

□ 佐宗邦威著『直感と論理をつなぐ思考法 VISION DRIVEN』(ダイヤモンド社)

□ 田所雅之著『起業の科学 スタートアップサイエンス』(日経BP)

□ 中鉢慎著『外資系コンサルが教える難題を解決する12ステップ プロジェクトリーダーの教科書』(かんき出版)

□ 永田靖著『入門実験計画法』(日科技連出版社)

□ 野村康著『社会科学の考え方　認識論、リサーチ・デザイン、手法』(名古屋大学出版会)

□ 古川治著『ブルームと梶田理論に学ぶ―戦後日本の教育評価論のあゆみ』(ミネルヴァ書房)

□ 山内祐平、森玲奈、安斎勇樹著『ワークショップデザイン論―創ることで学ぶ』(慶應義塾大学出版会)

神﨑　史彦（かんざき　ふみひこ）
スタディサプリ講師、カンザキジュク代表。

　1978年2月10日、新潟に生まれ、横浜にて育つ。1996年に法政大学法学部論文特別入試（現在は廃止）にて合格、翌1997年4月に法政大学法学部法律学科へ入学。大学卒業後、小論文講師として活動する一方、模擬試験および評価基準策定を担当。のべ10万人以上の受験生と真剣に向き合う中で得た経験や知見をもとに、指導法「カンザキメソッド」を開発した。

　東進ハイスクール・東進衛星予備校等を経て、現在、リクルートの運営するスタディサプリで講義を担当（総合型選抜・小論文・探究）。一方、面接試験・出願書類・小論文・グループディスカッションの指導を通して早慶上智・国立大・G＋MARCHといった難関大学の合格者を多数輩出する「カンザキジュク」の代表を務める。

　阪大アドミッション・オフィサー育成プログラム修了（大阪大学スチューデント・ライフサイクルサポートセンター主催）。慶應義塾大学大学院政策・メディア研究科（修士課程）へ社会人入学。著書多数。

改訂版　ゼロから1カ月で受かる

大学入試　志望理由書のルールブック

2024年4月5日　初版発行

著者／神﨑　史彦

発行者／山下　直久

発行／株式会社KADOKAWA
〒102-8177　東京都千代田区富士見2-13-3
電話 0570-002-301(ナビダイヤル)

印刷所／株式会社加藤文明社印刷所

製本所／株式会社加藤文明社印刷所

©Fumihiko Kanzaki 2024　Printed in Japan
ISBN 978-4-04-606762-3　C7037